Des enfants,
en avoir ou pas

Données de catalogage avant publication (Canada)

Pontoreau, Pascale

Des enfants, en avoir ou pas

(Parents aujourd'hui)

1. Rôle parental. 2. Parents et enfants. 3. Condition de parents.
I. Titre. II. Collection.

HQ755.8.P67 2003   306.874   C2003-940185-5

DISTRIBUTEURS EXCLUSIFS:

- Pour le Canada
  et les États-Unis:
  MESSAGERIES ADP*
  955, rue Amherst
  Montréal, Québec
  H2L 3K4
  Tél.: (514) 523-1182
  Télécopieur: (514) 939-0406
  * Filiale de Sogides ltée

- Pour la France et les autres pays:
  VIVENDI UNIVERSAL PUBLISHING SERVICES
  Immeuble Paryseine, 3, Allée de la Seine
  94854 Ivry Cedex
  Tél.: 01 49 59 11 89/91
  Télécopieur: 01 49 59 11 96
  Commandes: Tél.: 02 38 32 71 00
  Télécopieur: 02 38 32 71 28

- Pour la Suisse:
  VIVENDI UNIVERSAL PUBLISHING SERVICES SUISSE
  Case postale 69 - 1701 Fribourg - Suisse
  Tél.: (41-26) 460-80-60
  Télécopieur: (41-26) 460-80-68
  Internet: www.havas.ch
  Email: office@havas.ch
  DISTRIBUTION: OLF SA
  Z.I. 3, Corminbœuf
  Case postale 1061
  CH-1701 FRIBOURG
  Commandes: Tél.: (41-26) 467-53-33
  Télécopieur: (41-26) 467-54-66
  Email: commande@ofl.ch

- Pour la Belgique et le Luxembourg:
  VIVENDI UNIVERSAL PUBLISHING SERVICES BENELUX
  Boulevard de l'Europe 117
  B-1301 Wavre
  Tél.: (010) 42-03-20
  Télécopieur: (010) 41-20-24
  http://www.vups.be
  Email: info@vups.be

Pour en savoir davantage sur nos publications,
visitez notre site: **www.edhomme.com**
Autres sites à visiter: www.edjour.com • www.edtypo.com
www.edvlb.com • www.edhexagone.com • www.edutilis.com

© 2003, Les Éditions de l'Homme,
une division du groupe Sogides

Tous droits réservés

Dépôt légal: 1er trimestre 2003
Bibliothèque nationale du Québec

ISBN 2-7619-1791-X

Gouvernement du Québec – Programme de crédit d'impôt
pour l'édition de livres – Gestion SODEC.

L'Éditeur bénéficie du soutien de la Société de
développement des entreprises culturelles du Québec pour
son programme d'édition.

Nous reconnaissons l'aide financière du gouvernement du
Canada par l'entremise du Programme d'aide au
développement de l'industrie de l'édition (PADIÉ) pour
nos activités d'édition.

Pascale Pontoreau

Des enfants, en avoir ou pas

Introduction

Je suis née d'une mère qui ne voulait pas d'enfants ! Ce paradoxe troublant qui m'a longtemps fait détester la femme qui m'avait mise au monde, pour me conduire ensuite pendant plusieurs années chez le psychologue, m'amène aujourd'hui à réfléchir sur ce que représente le désir d'avoir ou de ne pas avoir d'enfants. Loin de la thèse de doctorat, mon questionnement s'apparente plutôt à une balade au pays de la parentalité.

Je suis née d'une mère qui ne voulait pas d'enfants, disais-je. C'est comme ça ! En ce qui me concerne, je ne m'en serais peut-être pas rendu compte rapidement. Mais la famille bien-pensante a jugé nécessaire de me faire part de cette réalité dès que j'ai été en âge de la comprendre. Et bien sûr, je n'ai rien compris. Je voyais bien que ma mère n'était pas très réceptive à mes élans d'affection, qu'elle ne s'occupait pas vraiment de moi, qu'elle ne jouait jamais, qu'elle ne riait pas ; mais quand on est enfant, on se sent d'abord responsable du mal de vivre de sa maman, puis on espère que les choses changeront avec un peu de bonne volonté et beaucoup de patience. Toutefois, les écrits concordent. Pour tous les spécialistes, l'expérience de la maternité renvoie toujours la fille à sa propre mère. Et souvent, l'attachement maternel saute une génération. Pour moi, comme pour d'autres, ma grand-mère était un modèle de perfection classique et traditionnelle – cuisine, couture, jardinage, affection, tout y était – tandis que je repoussais ma mère qui préférait vivre sa vie d'adulte en solo sans prendre soin de mes couches.

Avec le temps, rien n'a changé dans la famille, à part moi. Je n'ai eu, bien sûr, ni frère ni sœur ; de plus, comme je n'avais ni cousin ni cousine, mes étés à la campagne se sont construits sur le thème de la solitude et, précisément, sur le thème de la découverte de moyens pour occuper cette longue solitude de petite fille. Puis j'ai grandi, j'ai écouté, j'ai appris. Très vite, j'ai voulu avoir des enfants. Plein d'enfants. Mes copines se moquaient gentiment dès que j'évoquais l'appel bruyant de mon instinct maternel. Pour elles, ma mère étant ce qu'elle était, il était impossible que je veuille constituer une tribu. Je ne voyais pas de paradoxe pourtant dans cette différence qui nous opposait, ma génitrice et moi-même. J'ai très vite senti que le désir d'enfants était une chimère, une émotion parfaitement irrationnelle cachée quelque part, et qu'il était bien difficile de se l'expliquer. Tandis que je vieillissais, cette énigme de la maternité m'a poursuivie. Visiblement, je m'inscris dans un courant spécifique de la répétition maternelle : je me suis différenciée spontanément du modèle de ma propre mère pour en choisir un, peut-être plus harmonieux, me convenant mieux. J'aurais pu m'identifier complètement à elle et prendre les mêmes chemins qu'elle ; j'aurais aussi pu rejeter violemment l'image de la mère et m'enfermer dans une stérilité volontaire ou involontaire. La haine et la vengeance, sublimées de cette manière, auraient bloqué la transmission de l'espèce.

Puis ce fut mon tour de « tomber » enceinte. J'y pensais depuis tellement longtemps que, lorsque le test a viré au rose, j'ai intuitivement accepté ce futur bébé malgré des conditions alors très précaires : un couple bancal qui attendait sa chute avec fatalisme, une aube professionnelle qui allait s'encombrer d'un nouveau-né, un compte en banque qui n'existait que par son nom. Pas terrible pour accueillir un premier enfant ! Comme toujours dès qu'il s'agit de ce doute maternel, la lucidité a été mise de côté pour laisser place à la grossesse, puis à l'enchantement à l'arrivée d'une adorable petite fille. Je reviendrai sur les détails de cette naissance mais, dans l'immédiat, seul importe le désir profond et puissant, presque intransigeant, qui m'a conduite au terme de cette première grossesse. C'était unilatéral, irrévocable, viscéral.

Après seulement, j'ai commencé à réfléchir. Enfin, j'ai fait ce que j'ai pu sans chercher à donner des leçons à qui que ce soit car, comme le signale Marie Darrieussecq qui, dans son plus récent ouvrage, *Le Bébé,* raconte sa propre expérience inattendue de la maternité, la « voix maman » a tendance à énumérer des « lieux communs que chacune croit siens parce qu'ils résument si bien, et si pauvrement, l'expérience personnelle et banale de la maternité ». Selon elle, le bébé rend les femmes idiotes. C'est ce qui a dû m'arriver à l'époque, puisque toutes mes copines intellos et fêtardes m'ont soudain fuie comme la peste : j'étais devenue une mère de famille, quelle horreur !

Alors qu'aujourd'hui j'ai trois filles et que, au moment où j'écris ces lignes, je rêve d'un dernier bébé – seul l'âge m'empêche d'en imaginer plusieurs autres –, j'ai réalisé combien ce premier désir de maternité n'avait pas été le fruit d'une réflexion. Il s'était réalisé d'instinct. Et j'ai toujours dit que c'était bien ainsi parce que sinon… Les excuses ne manquent pas pour reculer l'échéance : il manque toujours un zéro au solde du compte bancaire, un mariage n'est plus un pacte éternel et côté travail, rien n'est devenu moins sûr. Alors quand l'enfant nous a choisis, nous l'avons accueilli. Cette jolie image me vient de la tradition bouddhiste selon laquelle ce sont les bébés qui choisissent leur famille, là-haut, perchés dans les limbes. Une fois décidés, ils descendent sur Terre et apprennent le langage des hommes.

CHAPITRE PREMIER

DES ENFANTS ET DES HOMMES...

Au cours des dernières années, les femmes ont acquis une liberté fondamentale qui leur permet de choisir d'être ou de ne pas être mère, comme l'explique Françoise Laborie dans l'ouvrage *Maternité en mouvement* publié aux Presses universitaires de Grenoble. La femme n'a plus aujourd'hui pour seul destin d'être une mère. Et, contrairement à ce que laissait entendre Simone de Beauvoir, de nombreuses femmes parviennent, malgré des difficultés logistiques très lourdes, à être intellectuelles et mères. Enfin, après avoir vu des tas de mamans sur les plages estivales, je me suis dit que pour de nombreuses Nord-Américaines, une fois qu'on est mère, on n'est plus tellement femme. J'en tiens pour preuve le peu de respect qu'elles ont pour elles-mêmes – leur corps, leur alimentation, leurs vêtements, leur allure en général et leurs loisirs personnels – dès qu'elles ont acquis le statut de *mater dolorosa* dévouée à la seule cause de sa progéniture. Si on y pense, c'est plutôt un mauvais calcul : avec le nombre croissant de divorces, il serait préférable que les mères conservent une image d'elles-mêmes positive et agréable pour éviter de partir perdantes dès qu'elles se retrouveront sur le «marché» des célibataires !

J'aimerais ouvrir une première parenthèse sur les pères. Dans la plupart des familles occidentales modernes, hommes et femmes travaillent. Une fois en couple, ils continuent. Puis, arrive le bébé. Si maman bénéficie d'un long congé parental, elle restera à la maison jusqu'à son retour sur le marché du travail. Un père, même quand il en a le droit, peut – veut ? – rarement s'autoriser cette longue absence du travail. Pourtant, dans le cas de certains, ce n'est pas l'envie qui manque. Au deuxième bébé, le fossé se creuse encore plus entre les parents. Si maman veut encore rester chez elle et s'occuper de ses petits, elle se retrouve encore avec un revenu diminué. Le père n'a plus le choix : c'est lui qui pourvoit aux besoins de la famille. C'est lui qui, dans la plupart des familles, rapporte le plus gros salaire. Le modèle patriarcal originel se duplique génération après génération : père pourvoyeur, mère garante des valeurs domestiques.

En fait, la plupart du temps, les pères ne sont pas totalement prêts à se libérer de leurs contraintes professionnelles. Et ils refusent de parler de choix. Paul et Sandrine sont médecins. Ils travaillent tous les deux dans un hôpital du nord de la France. À la naissance de leur troisième enfant, Sandrine a opté pour un temps partiel qu'elle a obtenu avec les grincements de dents de son chef de service et les regards en biais de ses collègues, qui savaient sa carrière dorénavant sur une voie de garage. Mais elle n'y arrivait plus, l'horaire devenait trop lourd. Cinq ans plus tard, elle évoque encore ce sacrifice avec une certaine tristesse. Paul, quant à lui, n'aurait jamais diminué son temps de travail pour prendre en charge une partie des tâches domestiques. Malgré l'amour qu'il porte à ses enfants, malgré le temps qu'il aime passer avec eux, il évoque l'avancement de sa propre carrière pour justifier que ce soit sa femme qui travaille moins à l'extérieur. Dans le cas de Paul et Sandrine, l'argent n'a pas été un argument de poids ; dans un couple où les revenus sont franchement déséquilibrés, les choix de travail se feront plutôt automatiquement sans tenir compte des aspirations personnelles de chacun des conjoints.

Alors, en cette aube de XXIe siècle, que voit-on autour de nous ? Des femmes qui repoussent l'échéance de la maternité au point de jouer avec leur santé, des hommes qui commencent à crier haut et fort leur propre désir de paternité, des couples prêts à dépenser des fortunes en assistance à la fécondation, des homosexuels qui se battent pour obtenir le droit d'adopter des enfants et, parallèlement, un taux de fécondité en chute libre à peu près partout en Occident. De quoi se questionner, non ?

En observant mes contemporains, en discutant avec des amis, en fouillant ici et ailleurs, j'ai réalisé combien le désir de devenir parent reste une énigme dans laquelle chacun incorpore des ingrédients qui lui sont propres. Certains, très intimes, sont plutôt le reflet d'une histoire personnelle particulière : sans tomber dans le cliché, je pense par exemple aux adolescentes qui reproduisent le sort de leur mère. Caroline n'a rien trouvé de mieux pour échapper à un avenir professionnel précaire que d'avoir un bébé. Elle avait 20 ans et le géniteur, plus de 40 : il a quitté les lieux avant la naissance. Étrangement, la grand-mère n'a rien dit… Elle avait vécu la même histoire ! Je pense aux adultes sevrés d'affection qui pensent pouvoir obtenir une compensation en prenant un petit dans les bras. D'autres cas demeurent plus classiques : telle famille qui ne conçoit pas une union sans procréation et, surtout, telles femmes qui pensent garder leur conjoint par la seule grâce des pleurs d'un nouveau-né les soirs de pleine lune. Qu'on se le dise une fois pour toutes – c'est là une constante qui ne change jamais : un couple qui va mal ira encore plus mal quand il affrontera la période chaotique qui suit l'arrivée d'un bébé. Comme catalyseur d'émotions, la naissance accélère tous les processus en cours. Le plus souvent, c'est fatal ! La preuve est implacable : la majorité des couples qui divorcent ou se séparent le font dans l'année qui suit la naissance de leur premier enfant.

En constatant que peu de parents avaient véritablement réfléchi à l'origine de leur désir de parentalité, je suis allée rencontrer un psychiatre de l'hôpital Sainte-Justine à Montréal, un centre hospitalier pour enfants qui fait près de 4000 accouchements par an. Selon André Saint-Martin, le désir de parentalité est multiforme. Il traduit notre rapport au vieillissement, une nécessité pour l'individu de s'actualiser dans un projet parental, de se distinguer de l'héritage familial. Le psychiatre constate surtout que le projet d'enfants exprime souvent notre rapport à la perte: la perte de notre immortalité en tant qu'adulte ou la perte réelle – deuils récents, changement de lieu d'appartenance, pertes anciennes qui sont réactivées dans le projet de maternité. Quand tout se passe bien, on ne se pose pas de questions. Seule la souffrance exprimée (troubles médicaux durant la grossesse, changements d'humeur excessifs, etc.) permet de comprendre ce qui se joue autour du projet d'enfant. L'auteur Marie Darrieussecq précise, par exemple, qu'avoir cru qu'elle ne pourrait jamais enfanter l'a profondément motivée à garder l'enfant qu'elle a finalement porté. Et elle conclut en indiquant que la vie, c'est mieux que rien.

Et c'est un peu le constat auquel j'étais arrivée en discutant avec les copines et en interrogeant des parents. Quand l'enfant est le fruit d'un sincère consentement, désiré comme preuve tangible de l'épanouissement amoureux entre deux individus, tout se déroule relativement bien. Relativement, parce qu'il ne faut pas se leurrer, le contrecoup de l'arrivée d'un premier bébé est redoutable. L'amour demeure toutefois le principal argument – officiel – que déclinent les couples pour justifier leur désir d'avoir un enfant. Et après tout, il n'y a pas de raison de le remettre en cause. Bien des femmes reconnaissent être souvent les premières à exprimer leur désir, mais leurs conjoints suivent de près sans se faire tordre le bras. Et une fois le désir évoqué, les couples passent à l'acte très rapidement, procréant dans les tout premiers cycles suivants.

Ce sont les excès ou les histoires troubles qui sèment le doute. Je pense à un couple d'amis qui, dans leur prime vingtaine, ont décidé d'avoir un bébé. Aujourd'hui, ils vivent sous le même toit, ils partagent le même lit mais ils ne forment plus un couple. Leur petite fille approche le fatidique deux ans et, parfois, maman dort dans la chambre d'à côté avec sa rencontre du soir. Surprenant, non ? Dans un tel contexte, on peut sincèrement se demander ce qui a véritablement motivé la grossesse.

Je crois donc qu'après l'amour officiel, la seconde raison qui pousse spécialement les femmes à faire des enfants s'inscrit dans un désir d'accomplissement personnel. Être une vraie femme suggère qu'on mette un enfant au monde, idéalement dans la souffrance, comme il est dit dans les textes saints ! Le premier commandement de la Torah demande aux Juifs d'être féconds et de se multiplier. Et chaque religion invite ses fidèles à agir de la sorte. Avec l'avènement de la contraception, sexualité et procréation se sont enfin dissociées ; cette maîtrise de la vie demeure une des révolutions du XXe siècle. Les féministes ont largement pointé du doigt et mis au ban la maternité en tant que but ultime d'épanouissement. De la même manière, la maternité par conformisme était dénoncée parce qu'elle réduisait les femmes à un double esclavage : la reproduction de l'espèce et l'élevage des enfants. Dans les années 1960, bien des universitaires et des travailleuses ont abandonné une carrière et un semblant d'autonomie pour pouponner à longueur de journée et redevenir tout à fait financièrement dépendantes de leur conjoint. Ces femmes qui, avec leurs enfants, ont cultivé la frustration de la maternité et, avec leurs maris, celle de leur domesticité, ont été pourtant glorifiées par divers gouvernements masculins pour leur rôle incontournable dans l'équilibre et le maintien des valeurs sociales. Modèle d'excellence de la société ordonnée que cette Amérique de Reagan qui, selon Norman Mailer, reposait sur l'épouse américaine. Ces épouses à qui députés et sénateurs refusent encore régulièrement d'accorder de nouveaux droits d'affranchissement, parce que cela suggérerait que ces mêmes hommes aient plus de devoirs à accomplir. Ce qui est très drôle, c'est que 20 ans après et malgré les discours valorisants de l'élite mâle, ce sont les femmes des minorités qui font des enfants, pas les élégantes professionnelles de la côte Est des États-Unis!

Ce qui est dommage aussi, c'est que tous les discours contradictoires sur la maternité – frein à l'épanouissement des femmes ou, au contraire, accomplissement supérieur – ont altéré son immense pouvoir créatif. Car qu'est-ce que l'enfantement, sinon une création fondamentale? Pour avoir côtoyé plusieurs créateurs, je crois véritablement que la création artistique s'apparente à la maternité: on met ses tripes et des heures de travail pour parvenir au bonheur de l'œuvre accomplie.

Enfin, modérons nos transports! Pour être ou devenir mère et créatrice – au sens propre –, comme le rappelle l'auteur Annie Leclerc dans son texte «Enfantement et création», paru dans *Maternité en mouvement* aux Presses universitaires de Grenoble, il est nécessaire de disposer de temps pour se départir des soucis quotidiens associés à la qualité de mère; essayez donc d'écrire un livre quand l'un des enfants vous interrompt toutes les demi-heures. Mais vu que, somme toute, les années d'enfance s'écoulent relativement vite, il sera plus facile de reprendre la création artistique après que leurs joies et leurs peines seront passées. Pas bête! À moins que, comme de nombreuses mères le pensent, l'œuvre soit exclusivement portée par le bébé né ou à naître. Quelle perte pour la femme, quelle pression pour l'enfant!

Enfin, quel que soit le motif originel et les analyses subséquentes, *grosso modo,* plusieurs mères (elles ne sont pas majoritaires tant la naissance leur semble naturelle et, donc, impossible à remettre en question) utilisent les neuf mois de la grossesse pour faire un état des lieux de leur vie et de leur couple – de ce côté-là, il est souvent trop tard pour faire marche arrière – et plusieurs autres révisent sérieusement leurs habitudes de vie: elles changent d'alimentation, mangent de façon plus équilibrée, souvent elles arrêtent de fumer et de boire de l'alcool et la plupart tentent de faire des activités physiques plus régulièrement.

Dans cette routine qui se met en place, un premier écueil vient fondamentalement calmer les ardeurs les plus solides : le manque de sommeil ; à 20 ans, ça passe, à 40, ça casse ! Enchaîner les nuits en pointillés demeure une excellente méthode contraceptive. Quand on fonctionne au radar pendant des semaines et que la routine familiale se met en place autour de l'allaitement, des poussées dentaires, du service de garde et du retour au travail, le couple doit faire preuve de patience. Il passe dorénavant après tout le reste.

Quand la grossesse cache en prime un problème latent, il devient rapidement impossible d'y faire face. Mon amie Jacynthe avait une fille de 12 ans quand elle a décidé d'avoir un enfant avec son nouveau partenaire. Tout allait pour le mieux dans le meilleur des mondes si l'on accepte la perpétuelle dynamique conflictuelle dans laquelle toute cette petite tribu fonctionnait. Mal en prit à la dame, sentant le conjoint sur son départ du domicile conjugal, de lui faire un autre enfant. Refusé par son père dès sa conception, ce deuxième bébé est né dans une atmosphère lourde de conflits, de querelles, de cris et de non-dits. Jacynthe, elle, ne reconnaîtra jamais qu'elle a fait la petite dernière par défi. Elle se contente d'accuser le père d'être un mauvais père. Trois personnes malheureuses pour le prix d'une, quelle tristesse !

Valérie a, quant à elle, choisi d'avoir un enfant pour prouver qu'elle en était capable, qu'elle était une vraie femme et qu'une vraie femme porte des enfants. Pour cette femme compétitive jusqu'au bout des ongles, tout a rapidement foutu le camp : elle a pris plus de poids qu'elle ne l'imaginait pendant la grossesse, elle ne parvenait plus à vivre normalement et l'accouchement a viré à la catastrophe avant de se conclure en césarienne. Cette femme en contrôle absolu de sa vie n'a pas toléré cette liberté prise par le nouveau-né : elle traîne aujourd'hui sa naissance comme un échec personnel. Refusant de croire qu'une femme comme elle puisse être bafouée par plus petit qu'elle, s'enfermant dans des idées reçues et des préjugés largement véhiculés par sa famille, elle a aussi condamné d'avance l'expérience de l'allaitement. Là encore, elle a donné le sein dans un seul but de valorisation sociale – dans son milieu, aujourd'hui, il faut allaiter – mais, faute de réelle envie, le lait a rapidement tourné au vinaigre (c'est une image !) et le bébé a dépéri avant qu'elle réalise que ses hurlements permanents étaient tout simplement dus à la faim. Ce deuxième échec considéré comme tout aussi personnel a suffisamment affecté la vie de famille pour conduire directement au divorce.

Dans un film, les spectateurs ne croiraient pas à ce genre de scénario ; même Spielberg s'est cogné le nez avec son *Artificial Intelligence* ponctué de paradoxes énervants. Le film s'amorce sur les déboires d'un couple dont le fils unique est atteint d'une maladie incurable. Mais, à l'époque où se déroule l'action – un futur qu'on imagine proche –, il est possible de se procurer un robot à l'image du petit garçon. Les parents traumatisés par l'absence de leur fils unique se jettent sur cette occasion de le faire revivre et achètent son ersatz mécanique. Manque de chance, un jour, la technologie déraille – sans préméditation d'ailleurs – et le portrait-robot attaque son modèle ressuscité. La mère adoptive jette alors purement et simplement, et sans l'ombre d'une hésitation, celui qui, finalement, n'est pas son fils.

Dans la vie, l'imbroglio émotif qui ponctue l'expérience de la parentalité est tel que la réalité supplante souvent haut la main la fiction. À la lecture des expériences que des internautes ont bien voulu me faire parvenir, par l'intermédiaire d'un site destiné aux familles dans lequel je publie des chroniques mensuelles, j'ai constaté que la maternité est un engrenage dans lequel on met vaillamment le doigt sans savoir vraiment dans quel état les phalanges ressortiront. Chose certaine, non assumée et mal vécue, une grossesse puis une maternité peuvent devenir un véritable cauchemar tant pour la mère que pour l'enfant. Je le crois tellement qu'il me semble plus honnête – à une époque où des adultes consentants sont normalement tout à fait en mesure de contrôler les conséquences de leurs ébats – de refuser d'avoir des enfants plutôt que de les faire contraints et forcés par une morale de convenance. Que dire des erreurs de contraception qui conduisent à une grossesse fatale : elles sont tristement porteuses de vies gâchées. Évidemment, je n'aborde même pas les drames que peuvent constituer des naissances conséquentes à un viol ou à un abus sexuel.

Hommes et femmes, nous avons une chance inouïe, nous pouvons décider quand nous deviendrons parents et combien d'enfants nous aurons. Quel luxe ! Mais cette liberté que les couples ont acquise grâce à l'engagement et au combat des féministes a des revers que nous élaborerons plus tard. À force de repousser l'échéance parentale pour toutes sortes de bonnes et de mauvaises raisons, bien des femmes paniquent en entendant le cri hormonal qui vient déchirer leur quarantaine accomplie.

Alors nous y voilà. Qu'on ait 20 ou 40 ans, c'est décidé, nous voulons un enfant. Bien sûr, tout le monde sait ce qu'il faut faire pour parvenir à ses fins. Et puis, des tas de livres détaillent par le menu toutes les étapes qui ponctuent les neuf mois d'une grossesse. Pour la majorité des femmes qui ont répondu au questionnaire qui leur avait été adressé, la gestation s'est bien déroulée avec ses périodes de doutes existentiels et les maux traditionnels que sont les nausées, les lourdeurs dans les jambes et une baisse sévère de libido. C'est étrange, personne ne semble se plaindre de ce dernier élément. Je me souviens d'une amie enceinte qui criait partout qu'une fois l'acte de procréation accompli, elle n'avait plus besoin de relations sexuelles. Ce qui me rappelle l'étonnante histoire de Maryvonne, née en Haïti, puis arrivée à Montréal à l'âge de trois ans. Quand nous sommes parties en vacances ensemble, c'était une jolie jeune femme, intelligente et cultivée, qui terminait une maîtrise universitaire. Un jour que nous rêvions tout haut, elle me confia combien elle aimerait particulièrement trouver un mari qui ne la touche pas! À l'heure où tous les magazines occidentaux parlent de la nécessité d'avoir une vie sexuelle épanouie, ce commentaire me troublait particulièrement. J'ai appris dernièrement, à la lecture d'une revue de psychiatrie ayant consacré un numéro à la communauté haïtienne du Québec, que, pour une majorité d'Haïtiennes, l'acte sexuel est traditionnellement associé à un rapport de forces qu'elles considèrent humiliant : du coup, pour elles, seule la procréation compte. Et une fois fécondée, plus besoin d'être touchée!

Étrangement, aucun des hommes consultés par questionnaire n'a avoué qu'il regardait – voire touchait – ailleurs les courbes qu'il ne trouvait plus à la maison. Je veux bien, mais n'empêche que les histoires de maris qui courent chez une maîtresse tandis que leur épouse est «grosse» ne sont pas le seul fait de romanciers. Et je me souviens très bien de Robert, qui culbutait tout ce qui portait jupon, tandis que sa femme s'alourdissait de son premier-né et lui refusait toute sexualité. Que ce soit parce qu'elles bougent avec plus de difficulté ou parce qu'elles ont peur de blesser leur fœtus, bien des mères sont abstinentes pendant leur grossesse.

À moins que ce soit une question d'époque, car aujourd'hui, on obtient une franche unanimité masculine : les hommes trouvent leur femme belle lorsqu'elle est enceinte. C'est normal puisqu'elle se sent rayonnante et épanouie. Mon compagnon aimerait me voir tout le temps enceinte tant il aime cette période, image de la fécondité originelle. Et, comme le disait Patrice, «Faire l'amour avec sa femme enceinte repousse par définition l'épée de Damoclès de l'éventuel accident. C'est fait, c'est fait : il n'y a plus de risques pour un moment!».

Alors s'il ne s'implique encore que relativement peu durant la grossesse, le futur père ne semble plus trop partir batifoler. Même si les politiques gouvernementales ne sont pas toujours au diapason, donner la vie demeure un acte de générosité qui mérite d'être valorisé. Ça reste l'unique moyen de construire les sociétés de demain. J'y reviendrai.

La femme enceinte n'est pas portée sur la galipette. Il faut reconnaître qu'entre l'estomac qui voltige pendant les trois premiers mois et les kilos qui s'accumulent au cours des trois derniers, il devient assez laborieux d'engager une partie de jambes en l'air. Alors, les Italiens ont trouvé la solution : ils ont inventé la célèbre « méthode italienne » selon laquelle faire l'amour durant les jours précédant le terme accélère l'arrivée du bébé. Un bon truc pour que monsieur retourne madame sans qu'elle s'offusque !

Arrive le grand jour. On peut bien lire des tonnes de bouquins, suivre des cours divers, discuter avec toutes les collègues concernées et écouter distraitement notre belle-mère nous mettre en garde, l'accouchement ne se déroule jamais comme on l'imaginait. Comme on laisse croire aux femmes enceintes qu'elles sont malades, il est bien naturel que l'accouchement se déroule comme une opération, non ? Nous reviendrons donc sur cette médicalisation de la procréation. Si l'on résume les témoignages, peu de femmes maîtrisent leur accouchement : elles sont bien souvent peu ou pas préparées et, dans le tumulte des émotions et des sensations fortes, elles perdent pied, acceptant tout du corps médical parfois plus préoccupé par l'encaissement de dividendes que par les désirs des parturientes. Toutefois, même si je connais plusieurs mères qui n'auront plus d'enfants parce que leur premier accouchement s'est transformé en cauchemar, la plupart oublient instantanément les douleurs dès le bébé apparu pour se concentrer sur celui-ci et leur première montée de lait. Et là, il reste 20 ans d'inconnu sans l'ombre d'un livre pour nous dire quoi faire !

En fait, pour le couple, c'est maintenant que la tempête se lève. Je parle bien sûr de la naissance du premier enfant. Et tous les témoignages concordent : c'est bien ce premier bébé qui perturbe ; après, ma foi, peu de choses changent vraiment et les parents de trois, quatre ou huit enfants témoignent dans ce sens. Comment passer d'un rythme d'adultes qui permet une alternance contrôlée et équilibrée entre travail, couple et loisir à une course-poursuite quotidienne sans faire des cheveux blancs ? Probablement en acceptant ce changement radical sans passer son temps à regretter l'époque bénie des petits-déjeuners au lit à 11 h 00 du matin.

Première déconvenue, le manque endémique de sommeil. On y revient. Pour la mère, il a commencé dès les derniers mois de la grossesse avec la proéminence du ventre, son poids inconfortable et les coups de pied désordonnés du fœtus débonnaire. Arrive l'accouchement avec, pour une primipare, une moyenne de 12 heures à souffler, pousser, respirer, crier ; en un mot, souffrir. Et que fait bébé à peine sorti du ventre de sa mère épuisée ? Il se jette sur son sein, aspirant avec gloutonnerie les derniers sursauts d'énergie grâce auxquels elle survivait.

Le retour à la maison précède un blues parfois démesuré – s'il n'est pas accepté, compris et accompagné – bien légitime. Bien que portée par ce lien irréversible qui l'attache à son petit, la mère n'a pas perdu ses bonnes habitudes : elle tente d'exercer un contrôle complet sur ses horaires, la qualité des repas et la propreté des lieux. Et puis multiplier les monologues de gazouillis pendant 10 heures n'a rien de franchement stimulant intellectuellement ! N'oublions pas que certaines mères ont aussi pris des habitudes qui ne les satisfont guère : elles ont généreusement arrêté de fumer, elles ne prennent plus le petit verre de vin qui les faisait décompresser, elles ne s'autorisent plus le dessert chocolaté qui les aiderait à traverser les jours de blues. Non, elles respectent à la lettre les guides de bonne santé. Comment ne pas craquer quand bébé interfère systématiquement avec la belle routine difficilement créée ? On craque, c'est tout ! Sans compter les douleurs post-partum et celles de l'allaitement qui, parfois, clouent la mère sur son lit. Sans oublier le père, perdu dans la tourmente, qui, dans le meilleur des cas, encaisse les coups le plus discrètement possible, mais bien trop souvent disparaît vers son bureau climatisé. Dit comme ça, il y a de quoi rebuter la plus volontaire des femmes. Pourtant, avec le recul, la plupart des jeunes mères oublient – heureusement – ces débuts difficiles. Enfin, ne soyons pas radicaux, de plus en plus de pères participent activement à la vie de famille des premières semaines : s'impliquant de la couche au biberon et de la berceuse au choix de la nounou, ils comprennent rapidement ce que signifie véritablement « rester-chez-soi-pour-élever-ses-enfants » !

La deuxième véritable difficulté s'étire quant à elle jusqu'à l'entrée à l'école des enfants : la routine et sa gestion quotidienne. Je crois sincèrement – et la lecture des témoignages de parents me le confirme – que cette routine est à l'origine de la débandade des couples venant d'avoir un bébé. Et si les gouvernements veulent concevoir des politiques qui incitent véritablement les familles à avoir des enfants, elles doivent s'inscrire dans le soutien au cours de ces années cruciales.

Au Québec, depuis le 1er janvier 2000, les parents peuvent obtenir et se partager un an de congé de maternité, une aubaine en comparaison des quelques semaines dont les Françaises disposent. Par contre, depuis que le prix des services de garde a été réduit à 5 $ par jour (environ 3,2 euros), il vaut mieux y inscrire son petit alors qu'il gigote encore dans le ventre de sa mère au risque de ne pas avoir de place avant son deuxième anniversaire. Que font les parents en attendant ? Qu'elle le désire ou non, ce sera souvent la mère, dont le salaire est traditionnellement inférieur à celui de son conjoint, qui restera à la maison. Plusieurs en profiteront pour avoir leur deuxième enfant pendant cette période. Quand, pour des raisons économiques, les deux parents doivent retourner sur le marché du travail, les difficultés s'accumulent. Trouver une baby-sitter est un casse-tête pénible et prendre une *nanny* chez soi est un gouffre financier. C'est cornélien !

L'écart entre les choix gouvernementaux de la France et du Québec se creuse quand il s'agit de l'aide accordée aux familles selon le nombre d'enfants.

Au Québec, tout, mais alors absolument tout, fonctionne autour du groupe monolithique idéal de quatre personnes : deux enfants et deux adultes. Chez McDonald, les tables sont placées de façon à accueillir quatre personnes. À la fête foraine, les forfaits, quand ils existent, s'arrêtent aux familles de quatre. Les allocations familiales sont dégressives et homéopathiques dès que les revenus familiaux se hissent au-dessus du seuil de pauvreté. À Montréal ou ailleurs dans la province, les parents élèvent des enfants pour leur seul plaisir et à leurs frais. Rien ni personne ne les incitera à en avoir et encore moins à en avoir plusieurs. Les témoignages des familles nombreuses sont à cet effet très éloquents. Sur le site Internet de PetitMonde, Gabrielle écrit : « Bien que je vive seule, je ne regrette aucun de mes enfants. Ma vie est difficile. Mes enfants regrettent souvent de ne pas avoir tous les gadgets et tous les loisirs de leurs amis. Je n'ai ni maison, ni automobile, ni carrière avec gros salaire. J'habite une HLM et j'ai sacrifié mes études universitaires pour demeurer à la maison à plein temps en attendant l'entrée à l'école de tous les enfants. Je travaille bénévolement à temps partiel dans un centre d'aide familiale qui distribue des denrées alimentaires aux familles les plus démunies du quartier. Je trouve désolant de constater que la plus grande partie de notre clientèle régulière est constituée de familles de quatre enfants et plus. »

Et puis les parents doivent régulièrement soutenir les regards méprisants des autres, ceux qui n'ont pas d'enfants. Maman de huit enfants, Michèle témoigne : « Mes enfants doivent tous être exemplaires sinon les gens font des commentaires. Ils ne se permettraient pas la même chose devant des enfants uniques. » Alors, d'un côté, il y a des petits élevés en roitelets qui dérangent plus que de raison ; d'un autre côté, des vendeurs, serveurs, coiffeurs, conducteurs, directeurs qui ne tolèrent pas la simple présence d'enfants dans leur univers professionnel. Cette attitude de rejet des enfants s'affirme de plus en plus, au point que certains propriétaires de logements refusent, au risque de se faire poursuivre pour discrimination, de les louer à des familles. Dernièrement, je lisais dans un quotidien montréalais la lettre d'un lecteur affirmant que si on arrivait à des extrêmes pareils, il fallait peut-être se poser des questions sur la façon dont on élevait les enfants aujourd'hui. Peut-être le laxisme parental, résultat de l'opinion que les enfants ont surtout des droits et peu de devoirs, a-t-il ses limites ? Peut-être nombre de parents devraient-ils se réapproprier leur rôle de guide qui présente à l'enfant les limites qui encadreront sa vie ? Chose certaine, l'enfant roi a d'ores et déjà prouvé qu'il vieillissait mal.

Après des générations d'enfants faits par habitude et intégrés à leur mesure grâce à un processus de socialisation hiérarchisée, on se retrouve maintenant avec des petits qui, par leur nombre déficitaire, deviennent un enjeu. Comme quoi, il y a bien matière à réflexion ! Personne n'est indifférent : certains n'en veulent pas avec cette même volonté farouche qui anime ceux qui en espèrent. Aux États-Unis, les adeptes souvent hystériques du No Kidding, sur lesquels nous reviendrons, s'en prennent aujourd'hui aux allocations familiales et aux déductions d'impôts accordées aux parents. Ils estiment qu'il n'y a aucune raison pour que leurs propres impôts servent à financer les familles.

Pour revenir aux politiques familiales, les Québécois seraient surpris de découvrir le concept de la famille «nombreuse» française qui, dès la deuxième et surtout la troisième naissance, bénéficie d'avantages spécifiques. Il recouvre des allocations familiales substantielles, des allocations pour les mères qui décident de rester chez elles pour s'occuper de leurs enfants, des allocations pour les familles monoparentales (parent isolé). Il y a quelques années encore, les parents de trois enfants et plus pouvaient aussi employer du personnel de maison à moindre coût. Enfin, des réductions s'appliquent dans les transports, pour certains spectacles ou activités de loisir. Surtout, les systèmes scolaire et parascolaire étant majoritairement financés par l'État et les municipalités, ils permettent aux familles d'offrir à leurs enfants toute une batterie de loisirs inaccessibles au plein tarif. Au Québec, les rares tarifs «famille» ne sont disponibles que pour les traditionnels deux adultes-deux enfants!

Cet argument pécuniaire semble anodin ? Pourtant, les couples qui n'ont et n'auront qu'un seul enfant font majoritairement ce choix pour des raisons financières. Au Québec, à la fin des années 1980, une allocation à la naissance était offerte aux familles. Elle pouvait atteindre 10 000 $ (environ 6500 euros) pour une quatrième naissance. Bien sûr, pour que ce choix gouvernemental porte ses fruits, il faut du temps... Ne serait-ce que le temps de faire les enfants. Mais, comme me le signalait André Piérard, démographe à l'Université du Québec à Montréal, le gouvernement n'a pas constaté d'effets assez rapidement: l'allocation à la naissance venait de mourir. Pourtant, elle aura été un véritable incitatif pour les familles qui ont pu en bénéficier.

Enfin, aux dernières nouvelles, le gouvernement provincial doit se pencher sur une étude comparative commandée il y a quelques mois et reflétant les différentes politiques familiales aux États-Unis, en Suède et en France. Si les conclusions du rapport n'énoncent pour le moment que des vœux pieux, il y a fort à parier qu'elles donneront lieu à la formulation d'une loi spécifique dans les prochaines années. Car la comparaison est édifiante. L'automne dernier, dans le cadre d'un dossier sur le travail, le magazine *Elle Québec* examinait les différentes situations prévalant dans les pays occidentaux. Le Danemark et la Suède sortent grands gagnants: le premier offre 28 semaines de congé de maternité (et 4 de paternité) payées à 100 % auxquelles s'ajoutent 2000 $ par année pendant 2 ans, puis 940 $ pendant les 4 années suivantes, puis 330 $ pendant 11 autres années; plus 530 $ d'allocation hebdomadaire si un des parents reste à domicile. Le gouvernement de la Suède accorde quant à lui 15 semaines de congé de maternité payées à 100 % et des allocations de 115 $ par mois jusqu'à ce que l'enfant atteigne l'âge de 16 ans. Traditionnellement, les Pays-Bas ne s'en tirent pas mal ; ils allouent 16 semaines de congé de maternité payées à 100 % accompagnées d'allocations mensuelles de 800 $ jusqu'à ce que l'enfant ait 6 ans, 1000 $ jusqu'à 12 ans et 1100 $ jusqu'à 18 ans. Dans le peloton de queue, l'Australie – aucun congé de maternité – et les États-Unis – 12 semaines de congé de maternité non payées. Un mince remboursement d'impôts de 4000 $ par enfant aide les familles américaines, tandis que les familles australiennes ne peuvent jamais être certaines de toucher le faible 900 $ annuel pour subvenir à leurs besoins. On constate des différences comparables à propos de la conciliation famille-travail : là encore, les pays d'Europe du Nord demeurent les fers de lance de politiques natalistes avancées.

À l'occasion de la dernière campagne présidentielle française, plusieurs candidats – déclamant, chacun à sa manière, l'importance de la famille comme lieu d'apprentissage de tous les comportements sociaux – ont été interrogés sur les mesures concrètes qu'ils seraient prêts à prendre pour aider les quelque 10 millions de familles que compte l'Hexagone. Ceux qui se sont aventurés eux aussi dans les vœux pieux se sont surtout entendus sur l'augmentation du nombre de places en service de garde ; personne ou presque pour parler de gros sous. Pourtant, en France, la tradition nataliste ne date pas d'hier. Dès les années 1930, au lendemain d'un premier conflit mondial, le gouvernement a appelé au repeuplement avec le soutien des catholiques sociaux, heureux de favoriser les familles nombreuses, sources de tous les bonheurs. En 1945, ces mêmes familles se regroupent et s'organisent au sein d'associations qui les représentent auprès des pouvoirs publics. Aujourd'hui encore, quand on discute de l'attribution d'allocations familiales, on s'interroge d'abord et avant tout sur la reconnaissance de la famille par l'État ; c'est-à-dire sur les moyens dont les différents paliers de gouvernement disposent pour valoriser l'effort économique que font les couples en élevant des enfants qui seront les contribuables et les bailleurs de fonds de retraite de demain.

Dernièrement, j'ai vu un reportage qui s'intéressait au nombre croissant d'enfants uniques. Pour expliquer son choix, une mère précisait qu'elle voulait pouvoir emmener son enfant à Disneyland : elle n'aurait pas pu se le permettre avec deux enfants. Quel argument implacable ! N'empêche qu'il confirme à quel point les gouvernements doivent absolument intervenir auprès des familles s'ils désirent que celles-ci renouvellent la population. Et, au risque de plagier La Palisse, il faut faire des enfants pour préserver une société et lui permettre de se perpétuer. Il existe une véritable responsabilité civique dans les choix et les politiques mises de l'avant par les gouvernements, puis soutenues ou réfutées par les citoyens.

Récemment, un recensement national a confirmé que la moyenne d'âge des Canadiens augmente et qu'au Québec elle frôle la quarantaine. Un drôle de vent de panique s'est alors levé. D'un côté, des gens trouvant que ce vieillissement endémique conduit le pays à la ruine – plus de personnes âgées signifie plus de soins de santé, donc plus de fonds publics pour les financer ; et parallèlement, moins de jeunes sur le marché du travail pour remplir les caisses de l'État. De l'autre côté, les enfants de l'après-guerre qui, maintenant qu'ils approchent de la retraite, estiment qu'on doit valoriser cette réserve massive de gens d'âge mûr qui pourront faire bénéficier la collectivité de leurs connaissances. N'est-ce pas une erreur d'interprétation ? Une société partagée entre le vieillissement de sa population et la baisse de la natalité court vers de sérieux problèmes ! Fait notable, Israël vit le même genre de situation. Tandis que la communauté hassidim permet de maintenir le taux de fécondité de l'État hébreu supérieur à 2,6 enfants par femme, la communauté arabe, elle, génère deux fois plus d'enfants.

D'ici 10 ans, les juifs pourraient donc s'y retrouver minoritaires. Quel paradoxe !

Selon l'historien André Burguière, directeur d'études à l'École des Hautes Études en Sciences sociales, interrogé par le quotidien *La Croix* en juillet 1999, cela fait deux siècles que les Français vivent dans la hantise du déclin de la famille. Mais si, selon lui, la famille de type nucléaire traverse une crise profonde, l'histoire montre que la famille définie par le lien entre le parent et l'enfant est indestructible. Pour cet historien, la famille stéréotypée – père pourvoyeur, mère au foyer – évolue vers un modèle matricentré dans lequel la femme vit seule avec ses enfants et un compagnon sans autorité parentale. Ce glissement s'expliquerait par l'effritement de la fonction sociale de la famille et le changement radical du statut des femmes.

À cette vision évolutive de la société s'oppose celle des catholiques qui, à l'occasion du Jubilé des familles qui s'est tenu à Rome en octobre 2000, indiquaient par la voix du cardinal Alfonso Lopez Trujillo, président du Conseil pontifical pour la famille, cité dans *La Croix* en octobre 2000, combien aucune institution ne peut remplacer la famille dans sa mission d'éducation des enfants. Pour l'ecclésiastique, l'explosion du noyau familial incombe pêle-mêle à l'avortement, aux manipulations d'embryons, aux divorces et autres séparations, aux adoptions par des couples non mariés et à la pauvreté.

Il reste troublant qu'on en soit arrivé là. L'Italie et le Portugal, bastions catholiques européens, disposent aussi des plus faibles taux de fécondité de la planète. L'Allemagne suit, pas loin derrière. Ce qui ne date pas d'hier : dans les années 1960, tandis que Florence attendait son troisième enfant, elle s'est fait traiter de lapine par les Allemands pour lesquels son mari travaillait ! Le Québec, avec son 1,41 enfant par femme, n'est pas en mesure de renouveler sa population. En effet, ce taux de fécondité national indique le nombre moyen d'enfants faits par les femmes en âge de procréer. En dessous de 2,1, il indique que la population est en déclin puisqu'elle ne peut se renouveler naturellement. Aux États-Unis, ce sont les communautés latino-américaine et noire qui permettent au score de dépasser le chiffre fatal. En France, un *baby-boom* a salué le changement de millénaire : depuis peu, le taux de fécondité côtoie à nouveau joyeusement les 2 enfants par femme. Comme quoi, les politiques natalistes servent à quelque chose en Occident ! Par contre, au Brésil, en Inde ou en Égypte, les enfants se multiplient comme des petits pains sans aucune autre aide que celle, peut-être, de moins pauvre que soi.

À ce faible taux de fécondité, il faut ajouter un élément important : l'âge moyen des femmes à la naissance de leur premier enfant. Chacune fait ce qu'elle veut, direz-vous ? Pas tout à fait. Si, bien sûr, les femmes peuvent bien décider de se reproduire au moment opportun, il existe aussi une fourchette d'âges en dehors desquels la procréation devient médicalement plus difficile. Ainsi, l'âge moyen des femmes pour avoir leur premier enfant est passé, en 10 ans, de 24 ans à 28 ans. Or, plus on tarde, plus les complications se multiplient. Sans compter qu'il est plus facile de se remettre des excès de fatigue dans la vingtaine. D'où un deuxième choix cornélien : une femme doit-elle faire des enfants jeune, au risque de rater sa carrière, ou doit-elle privilégier le travail aux dépens d'une famille constituée plus rapidement ?

Et si toutes ces questions n'étaient que l'expression de faux problèmes ? Nous voulons tout – et du meilleur – pour nos enfants. Mais il n'en a pas toujours été ainsi. Il fut une époque en France où les nouveau-nés, quel que soit leur milieu d'origine, étaient baptisés, puis confiés, à la campagne, à des nourrices rémunérées à cette fin. Ils y restaient, quand ils survivaient, au moins jusqu'à deux ans, parfois jusqu'à sept. Dans cette société traditionnelle, le concept de « bonne mère » n'existait pas. Les couples, légitimes ou non, faisaient des enfants, un point c'est tout. Jusqu'au début du XIXe siècle, l'indifférence à l'endroit des nourrissons était de rigueur. Ils subissaient malnutrition, climats rudes et mauvais traitements sans provoquer une ombre de compassion. Les bébés étaient fréquemment abandonnés quand ils ne mouraient pas dès la naissance. Fait notable, seules les familles ouvrières, qui furent les fers de lance de la modernisation, n'envoyaient pas les bébés chez des nourrices.

Au fil du XIXe siècle, un changement notable bouleverse le fonctionnement des familles. L'allaitement maternel est de plus en plus recommandé par les médecins. On parle, bien sûr, de l'allaitement de son propre enfant. Parallèlement, les témoins de l'époque, évoqués dans l'ouvrage *Naissance de la famille moderne* d'Edward Shorter, constatent un début d'intérêt pour le bien-être du nourrisson. Au cours des décennies qui suivront, et jusqu'à l'aube de la Seconde Guerre mondiale, l'affection prend le dessus et l'on commence à parler d'amour maternel. Si, dans les pays anglo-saxons, la tradition veut que la mère reste au foyer dès son mariage, en Scandinavie et en Allemagne, ce sont de véritables politiques natalistes qui offrent dès les années 1920 des congés de maternité aux jeunes mères, afin de leur permettre d'allaiter leur petit et d'en prendre soin. En France, en 1913, seuls 10 % des nourrissons étaient encore confiés à des nourrices. Et tous les témoignages concordent : dès que les parents ont commencé à prodiguer des soins adéquats et de l'affection à leur nourrisson, ils ont augmenté d'autant ses chances de survie.

Un questionnement subsiste : l'affection doit-elle impérativement venir de la mère biologique ? Et est-ce la seule garante du futur équilibre du bébé ? Dans certaines cultures, le nouveau-né est élevé par la famille élargie. Karim, un ami marocain, a été envoyé chez sa grand-mère peu de temps après sa naissance. C'est elle qui s'est chargée de son éducation. C'est elle qui lui a transmis son amour. Notre nounou ivoirienne, Victorine, a elle aussi été élevée par sa grand-mère. Quand notre amie Bahia rentre en Algérie avec ses enfants, elle sait qu'elle les perdra de vue tout le temps de son séjour, parce que les membres de la famille vont se relayer pour s'en charger. J'entendais dernièrement qu'en Polynésie française, un enfant né dans une famille pauvre peut être donné à une famille adoptive si celle-ci dispose de moyens plus importants pour pouvoir l'élever convenablement. Cette coutume semble parfaitement acceptée au point que, une fois grand, l'enfant ne cherche pas à retrouver ses parents biologiques.

Dans la communauté haïtienne, la grand-mère s'installe chez sa fille enceinte dès les derniers mois de la grossesse. C'est traditionnellement elle qui assiste à l'accouchement. C'est surtout elle qui va transmettre son savoir à la jeune maman, lui prodiguant soins et confiance en soi. L'enfant va passer indifféremment des bras de sa mère à ceux des femmes de la famille. Tandis que de nombreux professionnels s'interrogent sur les rapports existant avec la famille biologique dans le cas d'une adoption, mon ami Sylvain, qui a été adopté à la naissance, n'a jamais cherché de quelles entrailles il était sorti : pour lui, sa mère était celle qui l'avait bercé, qui l'avait rassuré au cours des nuits d'angoisse, qui lui avait appris à faire du vélo ; personne d'autre. D'ailleurs, les quêtes généalogiques s'attardent souvent à la mère, comme si les pères, souvent partis avec l'eau du bain, étaient voués au rôle de salaud et de lâche. Caroline a très mal vécu l'absence de père. Née d'une liaison illégitime, elle a appris très tard qui était son géniteur, à l'exclusive condition qu'elle ne cherche pas à s'en approcher. Mais contrairement à ce que l'on croit, au Québec, il semble que seuls 20 % des enfants adoptés fassent des recherches approfondies sur leurs antécédents. Ce qui confondrait les défenseurs de l'atavisme trouvant en chacun les traces de son passé biologique.

Dans nos riches pays occidentaux à la natalité déprimée, on a souvent vu les immigrants comme une source intarissable d'enfants pour assurer l'avenir. Pourtant, dans le cas du Québec, loin de l'Asie et de l'Afrique, les projets migratoires sont légèrement différents de ceux qui ont prévalu en Europe. Pour se rendre en Amérique, il faut faire un long voyage. Un voyage qui coûte cher et qui est donc difficile à envisager s'il faut payer six billets d'avion. Souvent, les familles qui émigrent n'arrivent pas en tribu. Aussi, une fois installés, les immigrants vont plutôt désirer réaliser leur rêve américain : là encore, c'est plus simple et plus rapide avec un ou deux enfants seulement. Ici, à Montréal, beaucoup connaissent une famille chinoise qui compte 14 enfants. Mais elle fait largement exception ! La mère, qui parle peu l'anglais et encore moins le français, s'en remet à sa progéniture pour traduire son quotidien et tenir la boutique. Les familles de juifs hassidiques qui déambulent dans un des quartiers de la ville sont bien visibles avec leurs coutumes et costumes d'une autre époque; ils comptent sur leurs multiples enfants pour perpétuer les traditions. Au-delà de ces cas exceptionnels, les gouvernements ne peuvent guère utiliser l'immigration à des fins de repeuplement. D'autant qu'elle justifie facilement des levées de boucliers xénophobes qui évoquent la différence entre les citoyens «de souche» et ceux qui sont issus de communautés ethniques visibles ou non.

D'ailleurs, cet énigmatique désir de parentalité s'exprime-t-il partout de la même manière ? Dans les lointaines plaines de Chine, l'enfant est encore utile dans les champs. La politique de l'enfant unique y est très peu respectée. Mais dans les villes chinoises, malgré une loi draconienne, les couples espèrent le garçon qui permettra à la lignée de survivre. D'où l'envoi fréquent des filles en orphelinat. Dans de nombreuses traditions, l'enfant vient comme il naît. Sans moyens de contraception, il naît donc souvent. Mais dans le Coran, le Prophète dit clairement qu'il faut coïter et procréer. Dans la deuxième sourate, la femme est comparée à un champ qu'il ne faut pas laisser improductif. Pour les musulmans, avoir des enfants représente la véritable mission humaine dans laquelle l'homme dépasse la nature en créant. Aussi, comme l'arrivée d'un garçon apporte plus de prestige, plusieurs couples feront des enfants jusqu'à ce qu'ils en aient un. La naissance considérée comme un accomplissement nécessaire apparaît dans plusieurs cultures : ainsi, en Russie, l'homme peut mourir une fois qu'il a bâti sa maison, planté un arbre et fait un enfant. Une vision que l'on retrouve non seulement chez les peuples du Grand Nord canadien, mais aussi dans plusieurs sociétés sud-américaines traditionnelles.

Et pendant ce temps-là, nous, pauvres Occidentaux en déroute, trouvons des tas de bonnes raisons pour retarder l'échéance parentale. L'argent ? Bien sûr que les enfants coûtent cher : forcément, on leur impose les lois du marché dès le berceau. Libre à nous, parents responsables, de refuser ce diktat. Un nouveau-né n'est pas malheureux parce que sa poussette ne dispose pas d'amortisseurs haut de gamme. C'est vrai qu'elle sera moins facile à pousser, mais la moitié de la planète porte son petit sur son dos. Un enfant ne se sent pas défavorisé parce qu'il n'a pas un Nintendo dernier cri à son anniversaire. Ce qui le rend malheureux, c'est l'absence de ses parents toujours à courir après leur gagne-pain. Ce qui le rend triste, ce sont les cris et la mauvaise humeur. Vient un jour où il réclame son Game Boy pour compenser la solitude ; et les parents coupables céderont pour faire oublier leur absence.

Un jour, j'ai rencontré une généticienne exceptionnelle. Abby Lippman travaille à l'université McGill de Montréal. Elle est passionnante parce que, rigoureuse dans ses travaux scientifiques, elle en mesure aussi les implications sociales. Particulièrement, elle m'avait fait remarquer combien il est facile de pointer du doigt une mère qui continue de fumer en l'accusant d'intoxiquer ses enfants, mais que personne ne se préoccupe des difficultés quotidiennes rencontrées par cette mère, difficultés qu'elle tente d'oublier au gré de quelques milligrammes de nicotine.

D'ailleurs, la sacro-sainte culpabilité est présente dans tous les discours. Un jour, on dit aux mères que les enfants qui se font garder plus jeunes deviennent plus agressifs ; le lendemain, autre son de cloche : les bébés placés en service de garde parlent plus tôt. Pour les parents, il est laborieux de ne pas se perdre entre les us et coutumes familiaux, les valeurs culturelles, les théories des psys, les boniments officiels et les modes véhiculées par les médias. Les bébés doivent être allaités au moins 6 mois, puis 12, puis 18. Les bébés doivent dormir sur le dos, mais, il y a 10 ans, ils devaient dormir sur le ventre, etc.

Non seulement les soins à l'enfant sont codifiés, mais les relations à entretenir avec lui le sont aussi. Et le père dans tout ça ? Je ne sais pas si c'est l'atmosphère du Québec ou l'air du temps, mais les deux hommes avec lesquels j'ai eu mes filles rêvaient d'avoir des bébés depuis l'adolescence. La plupart des conjoints de mes amies, même quand ils ont divorcé ou se sont séparés, adorent leurs petits, s'en sont occupés dès les premiers changements de couche, se plaignent de ne pas passer assez de temps avec eux et jouent avec autant de plaisir qu'ils font réciter les leçons. De bons pères, quoi ! Dans les années 1980, on appelait ces hommes des « papas poules » ; aujourd'hui, ils tendent à devenir la norme.

Pas si vite ! de dire deux sociologues du CNRS (Centre National de la Recherche Scientifique), Anne-Marie Devreux et Michèle Ferrand, dans leur texte intitulé « Paternités et pouvoir des femmes », paru dans *Maternité en mouvement,* publié aux Presses universitaires de Grenoble. « Ce n'est pas parce que les hommes ont voulu des enfants qu'ils en assument la charge quotidienne matérielle (autre que financière) », indiquent-elles, entre autres choses, dans les conclusions d'une enquête qu'elles ont menée auprès de pères français. Les nouveaux pères, « décrits par les médias comme désirant des enfants, les programmant, extrêmement motivés pour leur prise en charge concrète dans le quotidien, se révèlent parfaitement illusoires ». Ils sont parties prenantes de la décision, mais « ils n'assument pas forcément les conséquences de leur désir » ! Par exemple, pour l'un des hommes cités, accompagner ses enfants de temps en temps à l'école ou surveiller les devoirs étaient les seules activités matérielles qu'il imaginait avoir à faire. Les deux chercheuses suggèrent que le projet de paternité reproduit un certain modèle idéologique dans lequel, notamment, la paternité socialement garante d'une responsabilité valorisée ne s'accomplit que dans un cadre où la femme ne travaille pas et s'occupe, elle, des enfants. Dans ce contexte où la mère est inactive professionnellement, le père s'accorde un droit absolu à la carrière. En répondant à mon questionnaire, Lise le dit clairement: «Depuis les premiers mois de ma grossesse, mon mari ne fait plus rien dans la maison. Pour lui, les petits, c'est une affaire de bonne femme. Il ne veut pas s'en mêler. Il s'occupera des enfants quand ils entreront à l'école. Je crois qu'il vaut mieux en rire, non?» Si on creuse un peu, on se souvient que le concept de pension alimentaire a été créé pour pallier les indécents oublis de ces hommes qui avaient tant voulu des enfants que, une fois divorcés, ils les plantaient sans un sou dans les bras de leur mère, elle-même ayant perdu toute forme d'autonomie financière après des années de claustration domestique.

Étrangement, ce seraient les pères *a priori* les moins touchés par le désir paternel qui s'impliqueraient le plus. Ceux-là mêmes qui appréhendaient que l'arrivée d'enfants ne les oblige à s'aliéner une partie de leur vie, de leurs loisirs et de leurs irresponsabilités, en quelque sorte, sont les premiers à s'en occuper pleinement et dans un plein partage des tâches avec leurs compagnes souvent restées sur le marché du travail. Dans mon questionnaire, auquel près de 200 femmes ont répondu, la plupart précisent qu'elles ont désiré en premier, qu'elles ont attendu seules, mais qu'elles ont partagé le temps consacré au bébé avec le papa dès ses premières couches.

J'ai moi-même été élevée par mon père, à une époque où les pères passaient plus de 60 heures par semaine au travail. Mais c'était ça ou rien; ou les nourrices, les *nannies,* les grands-mères, délicieux substituts de la mère psychologiquement absente. Du coup, ma vision du rôle paternel est très différente de celle des autres femmes dans la quarantaine: chez moi, l'homme faisait la vaisselle, surveillait les devoirs et courait le dimanche matin. Il n'y avait aucune barrière entre les tâches dites féminines et celles réputées masculines. Mon père est macho et tendre, efficace et attentionné, sportif et cuisinier, fêtard et couche-tôt, c'est tout. Et pour moi, un homme qui ne sait pas quoi faire quand on lui met un bébé dans les bras est d'une autre génération, de celle de mon grand-père peut-être! Même chez les pingouins, ce sont les mâles qui couvent l'oisillon tandis que la mère part chercher à manger; les lions jouent avec leurs petits tandis que les lionnes chassent. L'image que j'ai reçue de cette enfance peu classique est que l'on peut assumer toutes ses contradictions, du moment qu'on ne blesse personne et que tout le monde parle le même langage. Étrangement, cette éducation masculine a fait de moi une femme qui a autant de plaisir à mitonner pendant des heures qu'à mettre le poing sur la table pour défendre un principe éthique. J'ai pris le meilleur et le pire des deux mondes.

Il semble que les hommes ne soient pas tous coulés dans ce modèle paradoxal. La plupart reproduisent l'héritage culturel dans lequel ils ont grandi. Par exemple, dans l'ouvrage *Cultures et paternité,* les auteurs Nathalie Dyke et Jean-François Saucier rappellent que, pour les Haïtiens et les Vietnamiens, le désir d'enfant est intimement associé au sens même de la relation conjugale. «L'enfant n'est pas le fruit d'une décision.» L'enfant, comme la mort, fait partie de la nature des choses et découle automatiquement du mariage.

Dans la communauté vietnamienne de Montréal, les soins donnés aux enfants restent l'apanage des femmes, mais les hommes imaginent l'avenir du petit. Un père traduit sa présence domestique en rappelant à l'enfant qu'il doit se montrer responsable et sérieux et qu'il doit toujours penser à ceux qui partagent sa vie avant de penser à lui. Surtout, le père vietnamien va faire office de courroie de transmission de la culture traditionnelle dont il va garantir l'apprentissage: il représente le pouvoir et la discipline et sert principalement de guide moral à l'enfant qui grandit. Une mère interrogée dira que le père idéal doit être aussi sévère qu'indulgent.

Chez les Haïtiens, personne ne se pose de questions sur son envie d'avoir des enfants; pour les hommes comme pour les femmes, c'est normal, un point c'est tout. Au point qu'une femme qui se marie doit procréer peu de temps après les noces – la grossesse faisant office de rituel de passage vers l'âge adulte – au risque de passer pour stérile, faille inacceptable dans cette communauté. Le nouveau-né étant traditionnellement pris en charge par les femmes – mère, grand-mère, tante, cousine –, bien des Haïtiennes immigrées au Québec, et donc coupées de cette famille immédiate au sein de laquelle chacun assume une véritable responsabilité dans l'éducation des petits, trouvent que leurs maris ne les aident pas assez. D'autant qu'il est assez fréquent que les hommes aient plusieurs foyers. Mais globalement, le père demeure surtout le garant de l'autorité : quoi qu'il dise, il aura le dernier mot. Du coup, en Amérique du Nord, où les droits des enfants sont régulièrement invoqués, plusieurs Haïtiens critiquent la grande liberté dont jouissent les plus jeunes. Mais c'est loin d'être une raison suffisante pour les empêcher de répondre à l'appel de la nature.

Pour les musulmans, c'est dans la famille que les communautés édifient leurs bases ; elle est au centre des relations que l'homme tisse avec l'autre. La morale islamique édictée par le Coran assigne à chaque membre de la famille un rôle bien précis. Le prophète Muhammad apporte d'importantes modifications au puissant patriarcat de la période préislamique et indique que le mariage se base sur un échange de consentements dans lequel les époux ont des droits et des devoirs réciproques. Dans ce cadre, le mariage est un aveu anticipé de paternité. Et en droit musulman, quel que soit le mode de filiation choisi – reconnaissance maternelle (en Algérie et accompagnée d'une ratification paternelle en Tunisie) ou paternelle (exclusive au Maroc), mariage, adoption –, les enfants sont toujours légitimes. Mais il existe une présomption de paternité à l'endroit du mari. Enfin, globalement, l'identité est transmise par le père et c'est le premier-né des mâles qui hérite de l'autorité. Dans ce contexte, les hommes jouent un rôle prépondérant.

Mais si on y réfléchit, revenons en arrière : au début du xxe siècle, les hommes accomplissaient leurs devoirs. Ils travaillaient plus que de raison, garantissaient le beurre sur les épinards et emmenaient les enfants pêcher le dimanche. Ils ne berçaient pas, ils ne consolaient pas. Ils transmettaient le goût de l'effort et du travail bien fait. Une génération plus tard, le père qui pousse un landau n'est toujours pas un homme ! Plus que la présence ou l'affection, le père des années 1950 assurait à sa famille la sécurité matérielle, ce qui le rendait plutôt macho, autoritaire et lointain. Arrivent les hommes d'aujourd'hui, comblés et angoissés par leur paternité, qui consacrent moins d'énergie à leur carrière et plus de temps à leurs enfants. Parfois déçus par le monde qui les entoure, ils trouvent auprès de leur progéniture l'enthousiasme qui leur a manqué et l'enfance qu'ils ont mal vécue.

Quand le père sait précisément où est sa place dans la société, quand les codes qui encadrent sa vie sont précis, sa tâche à l'endroit des enfants est simplifiée. J'ai ainsi rencontré des hommes qui se sont littéralement fait lâcher par leur ex-conjointe. Et ce sont eux qui, bon an mal an, ont récupéré les bébés avec l'eau du divorce intempestif. Une des mères fugueuses m'a raconté dernièrement à quel point elle n'avait pas réfléchi, au moment de son départ : pour elle, c'était simple, elle avait sa vie à mener et cela justifiait tout. Il fallait qu'elle quitte son foyer inhibiteur et ses enfants boulets. Plus de 20 ans après, la mère ne regrette rien, mais elle travaille très fort pour reconquérir l'estime de certains de ses enfants qui se sont sentis parfaitement abandonnés. Le père, lui, a pris en charge la tribu jusqu'à la majorité des enfants.

Dans les sociétés occidentales, beaucoup de rouages traditionnels ont sauté, laissant place au questionnement et aux théories sulfureuses. Et depuis les dernières années, c'est cette définition du père qui occupe tous les débats. Dès les années 1990, le groupe de recherche de pédopsychiatrie de l'hôpital Sainte-Justine réalisait un dossier complet sur l'importance du père dans la vie de ses enfants. En France, Christiane Olivier a créé tout un émoi en tenant les mêmes propos… en 2001! Encore récemment, des enquêtes révèlent que les petits garçons deviennent moins agressifs quand leur père s'intéresse à eux et fait preuve de tendresse à leur endroit.

Au Québec – que l'on dit pays des mâles roses ou castrés –, il y a belle lurette que les hommes réclament, en cas de divorce, la garde partagée de leurs enfants. Ainsi, les enfants nés de l'union brisée passent alternativement une semaine chez leur mère et une semaine chez leur père. Cela dit, même si 30% des couples en rupture choisissent cette formule, seulement 60% de ceux-ci l'appliquent véritablement.

Quand je me suis séparée du père de mes premières filles, j'étais profondément opposée à ce mode de garde. Je trouvais qu'il promenait l'enfant-paquet d'un toit à l'autre sans vraiment prendre en compte son confort; je pensais aussi qu'il était essentiel que le petit ait une base de vie fixe et solide pour survivre à la douloureuse séparation. Évidemment, j'attribuais cette solidité au foyer maternel. Dix ans plus tard, je prends sincèrement le parti de l'alternance. Il n'y a que les imbéciles qui ne changent pas d'avis! Et trois raisons m'y autorisent. Premièrement, si elle est pleinement assumée et présentée comme telle aux enfants, la formule leur permet de passer autant de temps avec papa qu'avec maman. Ce qui demeure le souhait le plus profond des petits secoués par la crise. J'ai pleuré toutes les larmes de la Terre quand, à l'occasion de mes 18 ans, mes parents se sont réunis le temps d'un repas, après 10 ans de séparation. Je les avais enfin à nouveau tous les deux autour de moi. Deuxièmement, il s'agit de temps équivalent: fini les mères noyées sous la routine tandis que les pères se valorisent grâce au temps de loisir des week-ends. C'est facile d'être *cool* et de tomber dans le piège des cadeaux et de la surenchère d'activités quand on ne voit son petit que quatre jours par mois. Avec l'alternance, père et mère disposent chacun de moments de repos seuls puis de périodes intenses de semaine (scolarité, activités parascolaires, etc.) et de récréations divertissantes avec les enfants. Troisièmement, ce procédé permet au père de s'impliquer complètement et de prendre les responsabilités qui lui incombent. Cependant, pour que l'alternance fonctionne, il faut aussi que les mères y mettent du leur: si elles passent leur temps à saccager l'image du père, l'enfant aura plus de mal à se rendre chez le père maudit, *a fortiori* s'il doit y passer des semaines entières. Mais franchement, comment un père peut-il être pleinement épanoui dans son rôle parental s'il ne voit ses enfants qu'un week-end sur deux? Comment, en quatre malheureux jours mensuels, peut-on établir une relation équilibrée de parentalité?

En France, où les traditions ont la vie dure, il a fallu attendre le 5 mars 2002 pour que soit publiée au *Journal officiel* une loi sur l'autorité parentale (Loi n° 2002-305) permettant, en cas de divorce, la résidence alternée pour l'enfant. Cette loi a fait suite à un jugement prononcé trois ans plus tôt, parce que ce type d'organisation semble la « condition d'une coparentalité réelle et l'élément fondamental pour lutter contre la précarisation de l'une ou l'autre des fonctions parentales, origine de la fameuse perte des repères et de la dissolution des identités ». Il est intéressant de constater que ce changement n'est pas uniquement fondé sur le droit des pères, mais plutôt sur celui des enfants à avoir une relation avec leurs deux parents.

Surtout, et je ne m'étendrai pas là-dessus parce que cela justifierait un chapitre entier, aujourd'hui, les hommes aussi expriment leur désir d'être pères. C'est d'ailleurs le drame des homosexuels qui, du fait de leur orientation sexuelle, ne peuvent pas accéder à une paternité espérée. Pour un nombre grandissant d'hommes, les enfants ne sont plus juste un moyen de conservation de l'héritage – principe à l'origine des dynasties patriarcales –, mais bien l'expression d'une affirmation de soi. Alors qu'on a longtemps parlé d'instinct maternel, il me semble plus que temps d'y associer les hommes. Ce qui me rappelle une anecdote amusante. Tandis que j'attendais mon premier bébé, le président François Mitterrand a remis la médaille 1990 du «Père de France» à un homme du Pas-de-Calais dont l'épouse avait porté 17 enfants. À ma connaissance, aucune mère n'a jamais reçu de récompense pour services de repeuplement offerts à la patrie!

Tout un débat, donc, que celui de la parentalité.

En fait, je constate au fil de cette réflexion que le sujet est si vaste qu'il est impossible d'en faire le tour, et ce, pour une raison fort simple: dès qu'on aborde un axe de pensée, 15 idées surgissent sur des éléments connexes. Bref, peu de réponses à l'horizon et encore plus de questions qui monopolisent l'esprit.

Et puis ce n'est pas facile de parler d'un sentiment irréfléchi – presque une sensation fugace. Car le désir d'enfant, si les choses se déroulent bien de la conception à l'éducation, est rarement sujet à analyse; seules les complications invitent au questionnement. C'est pour cela que la plupart d'entre nous ne réfléchissons pas au désir qui nous a conduits à mettre des bébés au monde. La réflexion devient plus sourde et douloureuse quand une femme, par exemple, évoque son refus de procréation. En s'objectant à la norme, cette femme se marginalise et doit, pour survivre, réfléchir à sa situation et à ses choix.

Je crois toutefois qu'hommes et femmes doivent être traités également en ce qui concerne le désir d'enfant et l'instinct de parent; oui, je sais, les psychanalystes estiment qu'il n'y a pas de désir mais plutôt quelque chose comme la différence entre un besoin et une envie, mais pour le commun des mortels, la notion de désir suffira à la compréhension!

Je pense aussi que notre investissement parental doit être valorisé et soutenu par les gouvernements: les politiques natalistes qui ne reposent pas uniquement sur des vœux pieux finissent toujours par avoir des effets. Trop réfléchir n'est pas une option envisageable, car elle ouvre la porte à toutes sortes de mauvaises raisons de ne pas avoir d'enfants : le sort de la planète, la pollution, l'injustice, etc. semblent de bien piètres arguments. Ils ne dénoncent qu'une seule chose, bien respectable en soi : le non-désir de devenir parent, aussi légitime que son pendant. Car après tout, on parle ici de sentiments tellement intimes qu'ils méritent bien d'être respectés, quels qu'ils soient.

Dans les chapitres qui suivent, je vais développer certains points relatifs au désir d'être parent.

Après une brève analyse de la médicalisation de l'accouchement, je vais m'attarder à la fécondation assistée médicalement : en quoi elle consiste, quelles sont les principales étapes qui attendent les couples infertiles et comment ils les traversent. Souvent envisagée comme second choix, l'adoption, que j'aborderai ensuite, évolue au fil du temps selon des modes et des usages particuliers aux cultures nationales des adoptants.

Aux désirs absolus des couples infertiles s'ajoutent ceux, plus sinueux, des parents d'enfants uniques ; ces hommes et ces femmes qui décident de s'investir – pour des raisons bonnes et mauvaises – dans l'élevage d'un seul petit, souvent haussé au rang de roitelet tout-puissant. Dans un esprit diamétralement opposé, je vous présenterai ces couples sortis d'un autre âge qui, contre vents et tendances, préfèrent entretenir et faire pousser une famille plutôt que de rechercher le confort et le luxe individuel au quotidien. Je croiserai aussi le chemin de ces femmes encore adolescentes ou à l'aube de la maturité qui décident d'enfanter en jonglant autant avec leur envie de maternité qu'avec leur santé. Je m'arrêterai enfin sur les parcours rocambolesques des couples homosexuels qui ont des enfants souvent issus d'un mariage hétérosexuel antérieur.

Dernière étape de ma réflexion : les couples qui ne veulent pas d'enfants. Des adultes souvent montrés du doigt, qui doivent justifier leur refus de la norme sociale par une implication altruiste. Enfin, je ferai un petit détour par des associations au pouvoir florissant un peu partout en

Occident, No Kidding et autres Childfree. Au départ, ces regroupements de couples sans enfants tenaient du rassemblement gentillet partageant les mêmes activités de loisir. Aujourd'hui, ils s'organisent en lobby, refusent de contribuer aux allocations familiales et entendent créer des restaurants sans enfants, des hôtels sans enfants et un jour, dans leurs rêves les plus fous, des villages sans enfants.

CHAPITRE II

LE PIRE ET LE MEILLEUR JOUR DE LA VIE D'UNE FEMME

Je me plais toujours à raconter mon premier accouchement. Surtout parce que, lorsque je le compare à mon troisième, j'ai l'impression qu'il s'agit d'un événement différent ; un peu comme si le même mot servait à désigner des pommes et des bananes !

Toutes les femmes le disent, aucun accouchement ne ressemble à un autre. Entre autres choses parce qu'il est bien difficile de quantifier – et surtout de comparer – la douleur. On s'entend, même si un accouchement peut bien être le plus beau jour de la vie d'une femme… ça fait mal ! Même quand tout se déroule dans les meilleures conditions, même quand mère et père sont parfaitement préparés, même quand le stress a été réduit à son minimum, même quand le bassin s'épanouit, que le col de l'utérus se dilate en douceur et que le bébé amorce sa descente en souriant… Là-haut, on déguste, et le corps au complet se raidit d'un effort aussi intense.

Aujourd'hui, de plus en plus de premières naissances se déroulent relativement mal. Relativement, dans la mesure où, loin de l'événement naturel, elles s'accompagnent d'interventions médicales. Si plusieurs d'entre elles sont essentielles à la survie du fœtus ou au bien-être de la mère, mon regard de profane se questionne sur l'extrême nécessité de la plupart.

Je vois déjà sourire mon ami Michel, obstétricien de son état et Français de surcroît : quand je lui ai dit que j'avais refusé d'avoir un soluté planté dans le bras tout au long de mon troisième accouchement, il m'a répondu que, en France, le médecin – invoquant tous les risques potentiels que je prenais – aurait insisté jusqu'à ce que je cède. En prime, je me serais fait traiter de tous les noms d'oiseaux par le clan hospitalier au complet. Qu'est-ce que c'est que cette mère décidant d'accoucher comme bon lui semble ?

Je suis probablement une empêcheuse de tourner en rond mais, effectivement, je crois que donner la vie à un être humain est une chose suffisamment intime pour que je dispose d'un droit de regard sur la question et que je ne laisse pas un médecin, aussi spécialiste soit-il, décider de ce qu'il compte faire avec mon corps, ma douleur et mon bébé.

Je parle de ça parce que, mine de rien, qui parle de désir d'enfanter ne peut oublier le passage obligé par la salle d'accouchement. Si cette étape incontournable freine bien des candidates à la maternité, une première expérience mal vécue peut annihiler le désir de recommencer. Ainsi, Pascale, dont le cauchemar a duré plus de 24 heures avant de se terminer en naissance saturée d'hémoglobine : bébé prenant contact avec le monde grâce à une mère aux entrailles déchirées de l'anus au clitoris. Catherine, qui s'est littéralement engueulée avec un médecin décidé à en finir avant un souper chez des amis et prêt à tout pour faire accélérer le processus. Valérie, plus de 30 heures sur une table, les pattes en l'air, priant tous les dieux pour ne plus jamais avoir à vivre une telle souffrance. Laurence, Martine, Séverine, Sylvia, Juliette et toutes les autres dont les tourments se sont invariablement conclus par une césarienne, tout aussi invariablement vécue comme un échec, un raté dans leur vie de femme.

Bien sûr, il serait inconcevable de revenir en arrière et de laisser les femmes se débrouiller toutes seules – ailleurs qu'en Occident, l'accouchement est exclusivement féminin mais sûrement pas solitaire et isolé –, traumatisées par la souffrance des contractions. Mais ils sont de plus en plus nombreux, professionnels ou parturientes, à appeler au retour vers un équilibre entre nature et science.

En ce qui me concerne, j'ai expérimenté trois accouchements différents : le premier s'est conclu par une césarienne sous anesthésie générale après 17 heures de travail et 3 heures de poussées ; durant le second, j'ai dormi sous les effets d'une épidurale avant de mettre ma fille au monde en quelque 10 heures, par voie naturelle. Quant au troisième… Ah ! cette troisième naissance, quel moment exceptionnel ! Moins de cinq heures entre les premières contractions et la naissance, une franche rigolade pendant les deux premiers tiers de l'épreuve, puis un repli sur moi, une conversation intime avec le bébé, une douleur apprivoisée grâce à l'aide précieuse et instruite de mon compagnon. Et enfin, un bébé qui vient au monde les yeux grands ouverts, sans l'ombre d'un cri ou d'un pleur.

La comparaison entre le premier et le plus récent accouchement est édifiante. Dans un premier temps, je suis une jeune mère de 24 ans. Je ne suis absolument pas informée sur quoi que ce soit – d'ailleurs, à certains moments de la grossesse, j'ai oublié que j'étais enceinte – et je n'ai aucun point de référence : ma mère est incapable de se souvenir de ma naissance et aucune de mes copines n'est encore prête à avoir un enfant. Le seul commentaire enregistré me vient d'une collègue : quand tu vas chez le dentiste pour une extraction, tu te fais anesthésier. Pourquoi ne ferais-tu pas la même chose pour un accouchement ? Tu ne dois pas avoir honte, c'est très normal de ne pas vouloir souffrir. Ah bon !

Je n'ai tellement pas d'appréhensions lorsque je perds mes eaux à la maison, seule, que je ris franchement même si mes genoux tremblent. C'est donc ça. Et tout l'attirail hospitalier profite de ma grande candeur :

je reste sur le dos pendant des heures avec la stricte interdiction de bouger et, évidemment, l'interdiction tout aussi absolue de manger ou de boire. Personne ne propose la moindre explication aux directives qui me sont données avec le sourire. De mon côté, je ne pose pas plus de questions, je n'y connais rien, je n'ai aucune confiance en moi, donc je m'en remets à la science ! Un moniteur bien coincé sur le ventre, des tas d'internes m'auscultant, contraction ou pas, et, finalement, la larme à l'œil, un appel à l'anesthésiste de service. Et là, tandis que la moitié de mon corps oubliait le métronome des douleurs, je me suis endormie. Toujours vaseuse, j'ai répondu à l'appel des poussées. Malgré une forme physique bien entretenue et une sincère volonté de répondre aux ordres, rien ne se passait. Le bébé refusait de sortir. Je n'avais pas mal, mais je n'avais absolument plus d'énergie après trois heures à ce rythme régi par les poussées inutiles. Si je ne m'étais pas bêtement évanouie, je me serais sûrement contentée d'une césarienne sous épidurale. C'est durant l'anesthésie générale de sa mère que ma première fille est née. À peine sortie des limbes, j'ai reçu des bras du papa une espèce de paquet de langes ; il m'a précisé qu'il s'agissait d'une fille. J'ai eu le temps de saluer Margaux, de lui souhaiter la bienvenue, et je suis retombée dans mes vapeurs analgésiques. J'ai finalement touché mon bébé quelques heures plus tard pour son premier allaitement maternel.

J'étais jeune et insouciante. Je me suis remise de cet accouchement en deux temps trois mouvements. Si j'avais dû me soucier de toute la précarité de ma vie d'alors, je serais devenue morose. Mais là, j'étais littéralement portée par mon bébé. Et en bonne fille unique, j'ai tout de suite demandé au père quand il comptait faire le suivant !

Selon le Pr Michel Odent, le chirurgien qui a développé la maternité de Pithiviers en France, au moment de l'accouchement, la femme sécrète tout un cocktail d'hormones. L'ocytocine qui déclenche la contraction de l'utérus, puis la contraction des glandes mammaires, puis l'endorphine – bien connue des sportifs qui se droguent littéralement de ses effets sédatifs –, mais aussi la prolactine, appelée hormone de « maternage », et même l'adrénaline.

À force d'étudier ces complexes combinaisons, « [...] on a compris que dans l'heure qui suit la naissance du bébé, la mère et son petit sont encore sous l'effet des hormones qu'ils n'ont pas encore éliminées. On connaît bien les propriétés de ces substances qui, tels les opiacés, créent des états de dépendance ; ainsi, on comprend que lorsque la mère et son petit sont encore l'un contre l'autre, sous l'effet de l'endorphine, entre autres, c'est le début d'une dépendance. C'est le début d'un attachement », explique le Pr Odent dans sa conférence intitulée « Le moment de la naissance peut avoir de profondes répercussions sur le reste de la vie », publiée dans *BioContact* en février 1998. Si le couple indestructible que doivent former mère et nouveau-né est séparé, ou plutôt mal traité – effets d'une césarienne, personnel médical trop présent, bruit, froid, luminosité trop forte, etc. –, il s'altère. Mère et enfant ne se sentiront pas respectés dans leurs besoins les plus naturels et les plus intimes.

Je reviens quelques instants à la naissance de ma troisième fille. Mon compagnon et moi-même avions rencontré, pendant la grossesse, une sage-femme qui, comme une majorité de ses consœurs québécoises, brillait par son militantisme antimédecins généré par 20 ans de pratique en salle d'accouchement. Rappelons qu'au Québec, les premières sages-femmes diplômées auront un accès légal aux hôpitaux en juin 2003. Jusque-là, et grâce à un combat constant et soutenu, elles ne peuvent offrir leurs services qu'en maison de naissance, et encore depuis peu.

Ces petites structures, jumelées à des hôpitaux, n'existent pas partout dans la province : seules deux sont disponibles pour l'ensemble des femmes de la grande région montréalaise. Les sages-femmes qui y pratiquent assurent un suivi de grossesse professionnel et humain – ici, personne ne regarde sa montre pendant une consultation – et participent à l'accouchement. En cas de problèmes, mère et bébé sont immédiatement expédiés dans un centre hospitalier.

Dans un contexte politique où de nombreux médecins n'attendent qu'une erreur pour accuser les sages-femmes de tous les maux, inutile de préciser que le départ vers l'hôpital est effectué au moindre incident. La plupart du temps, tout se déroule en douceur et la mère retrouve le confort et la chaleur de son propre foyer dans les heures qui suivent la délivrance. De plus en plus de futures parturientes aimeraient avoir accès aux maisons de naissance. Toutefois, le manque de places, les critères de sélection (une seule césarienne ferme automatiquement les portes d'accès) et le dogmatisme en freinent plusieurs.

En grande partie parce que les accouchements sont la chasse gardée des obstétriciens, les sages-femmes n'ont donc jamais eu l'autorisation d'entrer dans les salles d'accouchement des hôpitaux québécois. Elles n'ont pas le droit de signer un acte médical. Or, accueillir un enfant est un acte médical que ni sages-femmes ni infirmières ne peuvent accomplir. Seul le médecin pourra prendre le nouveau-né dans les bras à la sortie du ventre de sa mère. Même si sa présence et l'acte en tant que tel ne durent que quelques instants, le spécialiste facturera sa pratique en bonne et due forme.

Quand on n'a pas accès aux maisons de naissance – qui peuvent s'apparenter au cadre et à la pratique offerts à Pithiviers, dans la maternité du Pr Michel Odent – et que l'on est trop craintive pour accoucher chez soi, il reste l'hôpital. Et là, tout est possible. Comme partout ailleurs, il y a du bon et du mauvais ; il existe des médecins aussi charmants et humains qu'il en existe des détestables et pressés. Ma foi, toutes les professions ont leur lot de professionnels insupportables, sauf qu'en l'occurrence, la parturiente va passer un certain temps entre les mains de celui ou de celle qui l'aide à accoucher !

Depuis longtemps déjà – peut-être parce que des millions de femmes dans le monde rêveraient d'avoir accès à une médecine performante –, il s'est créé une drôle d'ambiance dans les salles d'accouchement. D'un côté, le médecin occidental, représentant de la suprématie scientifique et de l'autre, la femme occidentale qui, complètement extraite du cadre chaleureux où tout ce qui concerne la maternité se transmettait dans un univers féminin, est perdue. Elle a peur d'avoir mal, elle a peur de se laisser aller mais, cartésienne, elle s'en remet au médecin qui sait tout, lui.

Pratiquement aucune des quelque 300 femmes qui ont répondu à ma petite enquête sur la maternité ne s'est véritablement préparée pour l'accouchement de son premier enfant. Et chacune de prendre pour argent comptant les quatre malheureuses séances d'information offertes gratuitement par le centre local de services communautaires (CLSC) de son quartier. Je sais ce que c'est, j'ai fait la même chose. On est enceinte, on est jeune et en forme, on ne se sent pas malade, pourquoi aller chercher plus loin ?

Avec le recul, je crois qu'il est essentiel de se préparer à accoucher. Physiquement et psychologiquement. Après tout, quand on héberge un invité, on s'assure de répondre à ses attentes : on prépare la maison, on met les petits plats dans les grands, on change les draps, etc. Comment peut-on ne pas se préparer à accueillir un bébé dans sa vie ? Bien sûr, les parents achètent. Ils acquièrent tout ce dont le nouveau-né a besoin : un lit, une chaise haute, une poussette, des vêtements. Certains peuvent dépenser des milliers d'euros ou de dollars pour que l'univers de bébé réponde aux exigences des gourous du marché. Mais étrangement, très peu pensent à se préparer eux-mêmes pour cette arrivée.

Hier, une amie a eu son deuxième garçon. « Mon accouchement s'est déroulé comme le premier. Je souffrais trop, alors quand mon col a été dilaté à 6 cm, j'ai exigé une péridurale. » À quelques minutes de sa délivrance, elle m'a appelée, calme mais très déçue : parce que le bébé ne descendait pas, elle accoucherait par césarienne. Elle qui s'était tellement préparée mentalement pour avoir un accouchement vaginal! Et de subir un choc nerveux après la naissance. Il n'en fallait pas plus pour qu'elle soit expédiée aux soins intensifs. Résultat, elle n'a pas vu son bébé et elle n'a pas pu le toucher avant près de 24 heures; l'allaitement se déroule difficilement parce qu'elle n'a pas eu sa montée de lait et que le nouveau-né, glouton, préfère déjà la tétine synthétique du biberon. Le plus troublant, c'est que jusqu'à un certain point, le papa se sent en sécurité et trouve toutes ces interventions parfaitement légitimes et rassurantes. L'accouchement n'est plus un acte naturel, c'est une maladie, un problème dans la vie d'une femme et de son enfant.

Lors de la conférence «Le moment de la naissance peut avoir de profondes répercussions sur le reste de la vie», qu'il a présentée en 1998, Michel Odent a rappelé qu'il est important, pour évaluer un procédé médical, d'en mesurer le rapport bénéfice-risque. Or, constate-t-il, la médecine obstétricale est devenue une médecine de routine qui oublie de mesurer les impacts de ses préventions systématiques. Ainsi, l'utilisation du monitoring fœtal pour surveiller les battements cardiaques du bébé et ses possibles défaillances a surtout comme effet d'augmenter de manière significative le taux de césariennes.

Mais le Pr Odent revient aussi sur la quasi-disparition des sages-femmes, ces figures maternelles avec qui, normalement, on se sent en confiance et en sécurité. Et il remarque que dans les pays où elles sont pratiquement absentes, le taux de césariennes augmente encore une fois. Ainsi, au Brésil où 70% à 80% des parturientes donnent la vie avec l'aide du bistouri et à l'inverse, en Suède où, avec 6000 sages-femmes pour environ 9 millions d'habitants, une minorité de femmes accouchent par césarienne. Même constat aux Pays-Bas, où 70% des accouchements se font avec l'aide d'une sage-femme; du coup, le pays compte moins de 12% de césariennes. Aux États-Unis, qui comptent à peine 5000 sages-femmes pour plus de 250 millions d'habitants, le corps médical tente de réinventer la profession, conscient de tous les bénéfices qu'elles apportent. En particulier, une démarche moins interventionniste qui réduit à la fois le recours systématique à l'épidurale – en le divisant à peu près par quatre fois – et les césariennes.

L'accouchement est une séparation. Et malheureusement, qui dit séparation dit habituellement douleur. « De nos jours, la douleur est devenue inacceptable », explique Lucie Thibodeau, la directrice du réseau des Centres de ressources périnatales du Québec, dans le texte « Il n'y a pas de séparation qui se fait sans douleur » mis en ligne sur le site PetitMonde. « On est habitué à prendre une petite pilule à la moindre souffrance. » Qu'on ait mal, qu'on soit triste ou en colère, hop, un cachet magique et on passe à autre chose. « Ici, la douleur est considérée exclusivement de manière négative; dans certaines cultures, elle sert d'initiation. C'est un véritable rituel de vie. »

Bien sûr, le seuil de tolérance à la douleur dépend de chaque femme. Il dépend aussi de la préparation, de l'environnement affectif, du soutien du conjoint et de l'attitude du personnel médical présent. Pour revenir à mon expérience personnelle, j'ai accouché de ma deuxième fille la peur au ventre. Ayant eu une césarienne 15 mois plus tôt, je craignais de repasser sur le billard. Dans la chambre voisine de la mienne, une femme hurlait. Elle hurlait comme si on l'égorgeait. Et ça a duré des heures. Au bout d'un moment, j'ai fini par demander à l'infirmière de service si ma voisine avait des complications. Eh non! elle exprimait sa souffrance différemment, c'est tout. L'histoire ne dit pas si son bébé est né naturellement, mais ma puce à moi est née entre mes jambes. Pour des femmes habituées à être en contrôle d'elles-mêmes, le cri de l'accouchement est souvent le premier qu'elles émettent depuis qu'elles sont « grandes ». Ce cri qui permet d'évacuer des tas d'années et d'expériences refoulées. Et si la péridurale permettait de réfréner ces cris ?

La femme enceinte vit de grands moments contradictoires. Elle est, pendant neuf mois, partagée entre l'euphorie et l'angoisse, au point que des psychanalystes lui prêtent un désir de «mort» refoulé dans l'inconscient. Ce souhait peut conduire à l'idéalisation du futur bébé ou à sa surprotection. Chose certaine, lorsque l'enfant paraît, il peut ne pas correspondre aux idéaux que ses parents se sont créés. Ce sera à eux, alors, de l'accepter dans ses différences.

Cette ambiguïté psychologique peut conduire une femme à refuser de se préparer à la naissance ou à la voir comme un mauvais moment à passer. Au Québec, depuis quelques années, les femmes peuvent avoir recours à une accompagnatrice pour transformer leur accouchement en un moment positif. Connaissant le milieu hospitalier, cette personne qui a suivi la grossesse ne s'oppose pas forcément aux interventions des médecins, mais elle les explique et offre à sa cliente des choix éclairés. Elle doit naviguer entre les différentes approches possibles du soulagement de la douleur, dans le respect de la sécurité, des ressources disponibles, des pratiques en vigueur mais aussi en tenant compte des modes et des tendances. Selon des études produites en 1993, la présence d'une accompagnatrice, aussi appelée «doula», réduirait de 60% l'utilisation de péridurales et de 50% le taux de césariennes.

Mais pourquoi tape-t-on autant sur les naissances par césarienne? D'une part, parce qu'elles amputent les parturientes de leur droit à une naissance naturelle; si l'on se fie à une enquête publiée par *Les Dossiers de l'obstétrique* en 2001, les femmes césarisées mettent plus de temps à se sentir proches de leur enfant. Et si 70% d'entre elles voient le nouveau-né dès sa naissance, seules 20% peuvent le tenir tout de suite dans leurs bras. D'autre part, les césariennes coûtent cher. Une étude produite en 1999 par Stavros Petrou et Cathryn Glazener, de l'université d'Oxford, en Grande-Bretagne, prouve que par le personnel supplémentaire qu'elle réclame et l'augmentation de la durée d'hospitalisation de la mère, la césarienne coûte deux à trois fois plus cher qu'un accouchement par voie naturelle. Ce qui, dans des pays où l'accouchement est pris en charge par le système de santé public, ne peut laisser personne indifférent. Enfin, la césarienne demeure un acte chirurgical dont les conséquences médicales peuvent être très sérieuses. Le taux de morbidité pour la mère y est nettement supérieur que lors d'un accouchement naturel. Et, d'une manière générale, les parturientes ont besoin de plus de temps et de soutien pour récupérer.

De mesure d'urgence, la césarienne est devenue un acte banal, ce qu'elle ne devrait jamais être, explique le Dr Claude Ménard, enquêteur-inspecteur au Collège des médecins du Québec, dans *Les Dossiers de l'obstétrique* en mai 2001. Cette même année, au Québec, 18,5 % des accouchements se sont soldés par une césarienne, 90 % de ces césariennes ayant lieu sous anesthésie locale (épidurale ou péridurale) et 10 % sous anesthésie générale. En 1969, on parlait de 4,8 % de césariennes sur l'ensemble des naissances! En France, à des chiffres relativement équivalents, il faut ajouter au registre des interventions le taux élevé de 71,3 % d'épisiotomies effectuées en 1998.

Le monitorage fœtal a été inventé par le Dr Edward Hon pour limiter les risques d'anoxie, cet instant où le cerveau du bébé est privé d'oxygène et qui conduit invariablement au handicap définitif. Quand une femme est placée sous moniteur fœtal, le médecin peut détecter la moindre défaillance et réclamer une césarienne immédiate. Or, entre 1995 et 1999, seulement une douzaine de cas d'anoxie ont été détectés au Québec. Ce sont 12 cas de trop, bien sûr. Mais ce ne sont que 12 cas sur des milliers de naissances. Par contre, les obstétriciens en ont une trouille bleue. En cas d'anoxie, ils peuvent être poursuivis et risquent de payer une indemnité à vie qui atteint les millions de dollars canadiens. Pour se protéger, ces mêmes obstétriciens payent des cotisations d'assurance exorbitantes, de quatre à cinq fois supérieures à celles de leurs collègues généralistes. Inutile de préciser combien ils craignent la moindre erreur de diagnostic!

Bien que chaque pays dispose de sa propre réglementation, l'endémie de césariennes a fait réagir l'Organisation mondiale de la santé (OMS) qui entend en réduire le taux à 15 % d'ici 2003. On en est loin : entre 1995 et 1999, la Grande-Bretagne est passée de 11,3 % à 19 % ; la Belgique est passée de 11,5 % à 15,9 % en 10 ans. On ne parle ici ni des 40 % de césariennes que subissent les femmes chiliennes, ni des 23 % de Cubaines, de Mexicaines ou d'Argentines qui, elles aussi, passent par le bistouri pour donner la vie.

Avec la peur d'une éventuelle anoxie (moins de 10 %), la principale cause de recours à la césarienne est l'accouchement difficile, diagnostiqué comme dystocie (32 %). Selon le Dr Normand Brassard, chef du département d'obstétrique de l'hôpital St.-Mary's de Montréal, cité dans *Les Dossiers de l'obstétrique* en mai 2001, c'est un diagnostic subjectif lié à la tolérance du médecin. En effet, il est lié à la capacité du praticien d'endurer un travail prolongé, mais aussi à la position du fœtus et aux variations de son rythme cardiaque. En clair, selon sa formation et son expérience personnelle, l'obstétricien ne réclamera pas forcément une césarienne en cas de dystocie ! Il semblerait que des outils comme la courbe de Friedman, qui mesure le taux de dilatation de l'utérus à l'heure, pourraient permettre de juger s'il y a ou non arrêt de progression du travail et donc, véritable dystocie. Peu de praticiens semblent se souvenir encore de cette technique. Les autres raisons invoquées pour proposer une césarienne sont une présentation par le siège, un décollement du placenta ou la sortie du cordon ombilical avant le bébé.

Jusque dans les années 1990, une césarienne antérieure signifiait automatiquement un recours à cette méthode pour les accouchements subséquents. « C'est très pratique, de dire Sylvie, qui compte trois césariennes organisées, tu as une date de rendez-vous à l'hôpital, tu te prépares en conséquence, tu n'attends pas, tu ne souffres pas, ton bébé naît, et voilà. » Au cours des 10 dernières années, au Québec, le taux d'accouchements vaginaux après césarienne (AVAC) a explosé, passant de 1,5 % en 1981 à 36,4 % en 2000.

En 2000, 54 % des parturientes québécoises ont mis leur bébé au monde dans des hôpitaux faisant plus de 2000 accouchements par an et 10 % d'entre elles sont allées dans des hôpitaux réalisant moins de 500 accouchements annuels. En France, la proportion est relativement équivalente puisqu'en 1998, selon une importante enquête périnatale menée sur l'ensemble du territoire, 37,8 % des femmes ont accouché dans des maternités faisant plus de 1500 actes par an et 10,3 % dans des maternités accompagnant moins de 500 accouchements. Mais quel que soit le lieu, le taux de césariennes a là aussi augmenté de manière significative, passant de 11 % à 17,5 % entre 1989 et 1999. Augmentation justifiée par le recours plus fréquent à la césarienne chez les primipares et la présence plus importante de multipares ayant eu une césarienne antérieure. Mais aussi, par l'augmentation de l'âge des parturientes qui, comme partout en Occident, retardent de plus en plus l'échéance de la maternité.

Selon le Pr Michel Odent, on ne connaît pas encore suffisamment les effets sur les nouveau-nés des analgésiques donnés à la mère pendant les péridurales. Mais plusieurs études concordent, créant de nettes corrélations entre l'utilisation de certains médicaments (tels les opiacés) et certaines déviances sociales comme la toxicomanie, la délinquance ou le suicide. Sans chercher à être alarmistes, certaines enquêtes produites en Suède ou aux États-Unis font état d'un parallèle existant entre les médicaments utilisés pour déclencher un accouchement, l'éventuelle réanimation d'un nouveau-né, les complications de naissance, etc. L'obstétricien Odent en déduit qu'il est essentiel, pour rendre les accouchements les plus simples possible, de respecter la physiologie naturelle de cet événement. En particulier, il rappelle que pour que l'accouchement se déclenche spontanément, la femme doit produire de l'ocytocine, une hormone de la posthypophyse qui déclenche les contractions de l'utérus. C'est, bien sûr, le cerveau qui sécrète cette hormone. Quand une femme accouche, tout le système nerveux n'est pas sollicité ; seule la partie la plus primale du cerveau – celle que l'on partage avec les animaux – est stimulée.

L'autre partie du cerveau, le néocortex, réfère à l'intellect. Il se rapporte aussi aux inhibitions. Pour le Pr Odent, « tout ce qui peut stimuler le néocortex d'une femme en train d'accoucher risque d'inhiber le processus d'accouchement ». Ainsi, la parole, la lumière ou le sentiment d'être observé. Si le personnel hospitalier pose des questions précises à une parturiente, elle va se concentrer plutôt sur la réponse que sur les signaux que son corps lui envoie. Même chose si la lumière de la salle d'accouchement éblouit la femme qui est en travail. Les animaux se cachent pour mettre bas, ce n'est pas pour rien : personne n'a envie d'être observé dans des moments de grande intimité. Odent conclut que le simple respect de ces règles de base permettrait assurément une amélioration des conditions d'accouchement et une réduction des interventions médicales connexes.

Dans un article sur la poussée, mis en ligne sur le site de PetitMonde en octobre 1999, l'infirmière québécoise France Paquin rappelle aussi un élément important de l'accouchement que peu d'obstétriciens respectent. En effet, selon elle, à la poussée obstétricale de l'hôpital (« Allez-y, Madame ! Bloquez votre respiration, haletez en petit chien puis poussez de toutes vos forces ! » ; le film *9 mois,* dans lequel le comédien Pascal Légitimus interprète le médecin malgré lui, traduit ce passage de manière édifiante !) s'oppose la poussée « physiologique ». Elle se réfère, pour appuyer ses dires, à l'expérience de Constance Benyon, une obstétricienne dont les patientes cardiaques accouchaient plus facilement que leurs consœurs à qui on demandait des efforts très intenses. Mme Paquin est catégorique. La conduite médicale de la poussée – mise au point dans les années 1920 – vise à accélérer le processus et profite de la position couchée des femmes sous épidurale, sans tenir compte des réalités biologiques. Elle lui préfère nettement la poussée physiologique qui, en trois temps, permet à la mère de mettre au monde son enfant en souffrant moins.

Alors, si l'hôpital rassure autant qu'il fait peur et que les structures plus humaines que sont certaines maternités ou les maisons de naissance du Québec sont inaccessibles, il reste la maison. La maison, où des générations de femmes ont mis leurs enfants au monde, tandis que les pères anxieux arpentaient les couloirs en quête d'eau chaude et de réconfort. « L'atmosphère du foyer permet de vivre la naissance en donnant toute la place qui lui revient à la femme. La grossesse n'est plus une maladie, l'accouchement n'est plus un acte médical. » Joëlle Le Goff-Roubault est une sage-femme libérale française. Découragée par ce qu'elle appelle le « viol légal, non dénoncé et non pénalisé » que constitue souvent l'accouchement d'aujourd'hui, outrée par le consensus scientifique qui rend les parturientes infantiles, dépassées, culpabilisées et dépendantes, elle a choisi de réfléchir sur la pertinence des accouchements à domicile et présente ses conclusions dans le texte « Naître à la maison », dans *Maternité en mouvement,* publié aux Presses universitaires de Grenoble.

En 1998, au Québec, sur 75 674 naissances vivantes, 152 bébés ont vu le jour chez eux et 587 dans des maisons de naissance. En 1983, l'Association Naître à la maison devenait le point de référence des Françaises désirant mettre leur enfant au monde chez elles. Dans une société très médicalisée où grossesses et accouchements sont considérés comme des maladies, c'est surtout la peur qui inhibe couples et praticiens partisans de cette approche. Mme Le Goff-Roubault précise sa pensée : « Nous pouvons affirmer qu'il est possible de naître à la maison sans prendre de risques, sous toutes réserves que la vie elle-même est synonyme de risques, et que la naissance, comme tout autre événement de la vie, peut présenter des risques à l'hôpital comme à la maison.

« Le monde médical a peur de voir les femmes s'organiser à la maison, peur de perdre son prestige, peur de perdre la mainmise sur le corps des femmes, peur de voir les sages-femmes réhabilitées, peur de voir son compte en banque décliner. Il n'a aucune envie de s'adapter ; imaginez le gynécologue à croupetons sur la moquette de la salle à manger de sa cliente pour l'aider à accoucher accroupie ! » En concluant, la sage-femme précise que de 85 % à 90 % des accouchements se déroulent parfaitement bien. Alors qu'elle a aidé 175 femmes à accoucher en 7 ans, une seule a été expédiée d'urgence à l'hôpital et seuls 10 bébés sont nés avec l'aide de ventouses ou de forceps (un taux nettement inférieur à la pratique hospitalière). À la maison, de la délivrance à l'allaitement, toutes les étapes de la naissance sont vécues au rythme exclusif de la mère. Elle se prend en charge, elle préserve son identité et celle de son bébé. De quoi faire frémir les milliers de femmes de par le monde qui rêvent d'avoir accès aux analgésiques !

CHAPITRE III

LES DERNIÈRES TRIBUS

Des septuplés! Non, mais vous imaginez? Des septuplés... Sept lits, sept chaises hautes, sept sièges d'auto. Sept fois plus de risques d'être réveillé la nuit, sept fois plus de risques de ramasser des spaghettis par terre pendant les repas. Environ 18 000 couches par an pendant 2 ans; plus de 650 litres de lait la première année! Vous avez dit «cauchemar»?

Cette réalité est pourtant celle que partagent Bobbi et Kenny McCaugheys depuis le 19 novembre 1997, date de la naissance des sept bébés. Une première mondiale: sept bébés d'un seul coup! Impossible de rester indifférent devant pareil fait divers. À l'occasion de sa première fécondation médicalement assistée, Bobbi McCaugheys, qui est fille d'un prêtre baptiste, a mis au monde une petite fille, 23 mois avant l'arrivée de la tribu. Ravis, les parents se sont dit que si tout s'était bien passé une première fois, il n'y avait pas de raison qu'ils n'aient un deuxième bébé. Et de recommencer le protocole médical. Interrogée à ce sujet, la mère, née en Alberta, au Canada, a précisé qu'elle n'avait jamais imaginé choisir l'un des œufs fécondés par insémination artificielle. Soutenue par sa croyance religieuse, elle a donc porté les sept, puis les a mis au monde presque devant les caméras du monde entier, fasciné par l'exploit physique et scientifique que représentaient ces naissances.

Les bébés étaient minuscules. Extrêmement chétifs, de santé précaire, mais vivants. Une fois nés, il a fallu leur trouver des prénoms. Alors que la plupart des parents ont du mal à en trouver un et à s'entendre… À Des Moines en Iowa, les McCaugheys ont mis voisinage, famille et amis à contribution et se sont finalement arrêtés à (dans l'ordre d'apparition) Brandon James, Joel Stevens, Keysley Ann, Kenneth Robert, Natalie Sue, Alexis May et Nathan Roy. Les appeler pour passer à table quand ils jouent tous ensemble dans le jardin n'est pas une mince affaire !

« Nettoyer une maison pleine d'enfants est aussi efficace que de dégager une allée à la pelle en pleine tempête de neige », s'esclaffe la comédienne américaine Phyllis Diller dans une banque de citations trouvée sur Internet. On ne parvient même pas à concevoir la vie avec sept enfants du même âge, alors le ménage semble être le cadet des soucis ! Pendant les deux premières années, Bobbi et Kenny sont tous deux restés à la maison en essayant, en priorité, de ne pas devenir fous et de survivre à la tâche. Près de 70 bénévoles sont venus leur prêter main-forte. Puis la mère, sentant son mari psychologiquement défaillant, l'a rapidement réexpédié au travail, restant seule avec des aides ménagères.

Si les septuplés sont nés vivants, trois d'entre eux seulement étaient en bonne santé et grandissaient normalement. Les quatre autres, atteints de défaillances légères ou de problèmes lourds, ont demandé plus d'attention et des soins médicaux spécifiques. Mais globalement, tout s'est suffisamment bien passé pour que Bobbi, l'heureuse maman, allaite ses sept petits pendant trois mois – ça ne s'invente pas ! – et qu'elle souffle dans la joie et la bonne humeur les 28 bougies de ses sept chérubins à l'occasion de leur quatrième anniversaire.

Bien sûr, solidarité toute nord-américaine oblige, les McCaugheys ont fait l'objet d'une générosité bien spectaculaire. Ils ont reçu une fourgonnette de 12 places, l'État de l'Iowa leur a offert une maison de cinq chambres et cinq salles de bain, une publicité pour une collecte de fonds a été placée gratuitement dans plusieurs quotidiens, une chaîne de supermarchés leur a offert gracieusement un an d'épicerie, leur histoire a fait l'objet de plusieurs reportages dans les médias nationaux, un tabloïd hebdomadaire leur a remis 250 000 $ sonnants et trébuchants pour rapporter leur saga domestique. Jusqu'au président Clinton – cité par le *USA Today* – qui leur a fait un petit coucou – « Le temps que vos enfants soient adultes, vous serez devenu le chef d'entreprise le plus performant d'Amérique ! » – avant de les inviter à la Maison-Blanche. Cette entraide et cet enthousiasme spontanés, encouragés par une couverture médiatique sans précédent, ont relativement dépité Jacqueline et Linden Thompson, un couple d'Afro-Américains dont les sextuplés, nés en mai 2000, à Washington, sont passés à peu près inaperçus. Si, au pays de l'oncle Sam, on préfère les histoires qui se terminent bien, il aura fallu toute la détermination d'une association caritative pour secouer l'inertie populaire à l'endroit des Thompson qui, finalement, ont reçu un peu d'aide du gouvernement et de certains mécènes privés. Mais rien qui soit à la hauteur des largesses offertes aux McCaugheys.

En ce qui concerne les familles nombreuses, le Québec sait de quoi il parle ! Mais à l'aube du XXIe siècle, elles représentent une image dépassée de la société. Les tribus, c'était avant, du temps de Duplessis et de la chape religieuse qui clouait chaque femme dans son rôle de pondeuse. Elles sont l'incarnation d'une époque révolue, des années sombres qu'il est préférable d'oublier. J'avoue, quant à moi, avoir un faible pour les clans : qu'ils soient juifs, mafieux ou francs-maçons, ils incarnent l'appartenance à une même famille, aussi douteuse soit-elle ! Et la famille, avec ses grandes tablées et ses engueulades, réveille dans mon imagination des émotions paradoxales : une impression que, quoi qu'il arrive, quelqu'un nous portera secours sans se poser de questions. Par contre, faites-moi passer

10 jours avec 15 membres de la famille de mon conjoint... et je deviens folle, j'ai besoin d'air !

Aujourd'hui, tout Québécois qui se respecte connaît quelqu'un qui – dans la trentaine – est le petit dernier d'une tribu de 8, 10 ou 12 enfants. Dans son livre intitulé *Sociologie de la famille au Québec*, Jocelyne Valois exprime les spécificités de la Belle Province. Elle évoque, entre autres choses, la revanche des berceaux, cette période située entre 1830 et 1870 durant laquelle les Canadiens français virent leur nombre pratiquement tripler (de 511 000 à 1,2 million). Elle aborde aussi une réalité toute québécoise. En effet, quatre éléments ont contribué à l'existence, puis à la survivance du Canada français : la langue française, le mode de vie rural, l'adhésion à la religion catholique et les familles nombreuses. Ce sont les missionnaires qui sont arrivés parmi les premiers en Nouvelle-France pour – comme ils le firent ailleurs – coloniser puis guider spirituellement les peuples de ce territoire. Quand, au milieu du XVIIIe siècle, de nombreux religieux fuient la France de l'après-Révolution, ils rejoignent et consolident un clergé canadien-français de plus en plus puissant.

L'emprise de la religion catholique va s'étendre jusque dans les années 1960. Et c'est en réaction à son hégémonie que se bâtira le Québec moderne. Après avoir défini tous les éléments constitutifs de la nation pendant 150 ans, l'Église catholique – avec les valeurs qu'elle véhicule – sera rejetée d'un seul bloc. Quels étaient donc les fondements de la société canadienne-française ? L'idéalisation de la famille rurale bien attachée à sa paroisse et une définition rigide de la famille traditionnelle systématiquement garante des valeurs religieuses sont les deux piliers de la doctrine. Dans ce cadre, le père de famille est le seul représentant de l'autorité morale – sous-fifre du prêtre, en quelque sorte – et la mère s'inscrit en courroie de transmission des valeurs religieuses. Les enfants, dans l'esprit de tout un chacun, traduisent l'instinct de survie du peuple et apparaissent comme une richesse collective qui garantira un avenir prospère à la société canadienne-française. Jusque dans les années 1960, la recherche de la conformité à ce modèle sera la quête principale d'une majorité de la population.

La fourche dans une main, le goupillon dans l'autre, le père canadien-français est un pourvoyeur qui fait fonctionner la ferme familiale à la sueur de son front. La maternité est au cœur de la vie, et dès qu'une femme devient mère, elle prend les rênes de la maison, aidée par toutes les femmes du clan. Aujourd'hui, si l'on regarde les dernières familles nombreuses, la structure familiale ressemble à celle d'autrefois : le père travaille tandis que la mère reste au foyer. Malgré une révolution sociale qui, dans les années 1970, a secoué tout le Québec du politique au culturel, malgré des féministes engagées qui ont sorti les femmes de la noirceur, quelques couples fonctionnent encore selon le modèle traditionnel et ne semblent pas en être malheureux.

Claire était une féministe engagée. Elle s'engageait dans tout et le reste. À la naissance des premiers de ses neuf enfants, elle a subi le regard des autres. «Les couples avec deux enfants imaginent que nous vivons comme eux... multiplié par quatre, plaisante Lucie. Nous n'en avons pas huit aux couches ! » « J'étais bien chez moi avec mes enfants, de dire Claire, mais je ne supportais pas le mépris à peine voilé des autres. J'avais juste envie d'être ironique et de me déguiser en grosse bonne femme avec des bigoudis. Je sentais des coups d'œil cyniques... Peut-être n'était-ce qu'une projection parce que je ne me sentais pas sûre de moi. J'ai arrêté d'idéaliser tout ce que j'aurais pu être et que je n'étais pas. J'ai pris de l'assurance et je n'ai plus eu besoin de la valorisation extérieure. Alors les gens ont arrêté de me mépriser.» Aujourd'hui, cette mère de famille est comblée et certaine de faire la chose la plus extraordinaire qui soit : apprendre à des enfants à grandir et à être heureux. France, quant à elle, n'a jamais douté de sa mission. Cette mère de 11 enfants sourit : «C'est inévitable d'être jugée : une femme dans ses casseroles, c'est mal vu aujourd'hui. Moi, ça me rend heureuse.

Chacune son truc! Mais, pour certaines de ces femmes qui me regardent de travers, je suis une véritable confrontation. Quand elles me regardent, elles voient aussi ce qu'elles auraient voulu faire. Je suis comme tout le monde, je crie, je suis impatiente et, surtout, je suis heureuse.»

Le modèle de la femme au foyer qui se dévoue entièrement à ses enfants n'a plus cours, d'expliquer le sociologue François de Singly dans son livre *Le soi, le couple et la famille,* publié en 2000. «On rejoue la nostalgie des grandes tables dehors... Mais personne n'a envie de revenir à cinq enfants par chambre.» En 1997, avant le *baby-boom* du changement de siècle, la France comptait environ 2,5 millions de couples avec 2 enfants à charge, et un peu plus de 1 million avec 3 enfants de moins de 18 ans, soit à peu près le même chiffre que 30 ans auparavant. Mais entre 1968 et 1997, le nombre de familles de plus de 5 enfants est passé de 450 000 à moins de 120 000, dont 22% sont des familles recomposées.

Au Québec, c'est avec la crise des années 1930 et l'arrivée massive des familles en ville que s'amorce la baisse de la natalité. Elle se confirme au début des années 1970. Au-delà des éléments purement sociaux – entrée des femmes sur le marché du travail, accès à la contraception –, il existe une logique à la baisse : plus le nombre de femmes en âge de procréer diminue (à cause du vieillissement de la population), plus le nombre total de naissances décline même si l'indice de fécondité augmente. Et contrairement à ce que l'on croit, ce n'est pas l'absence de maternité qui a une incidence sur le faible taux de fécondité au Québec – 72% des femmes auront un enfant dans leur vie – mais plutôt la multiplication des familles qui ne comptent qu'un seul enfant (39%). Le résultat est limpide : en 1951, près de 16% des familles comptaient plus de 8 enfants ; ces familles nombreuses ne représentent plus aujourd'hui qu'un faible 0,2%. Sur les 1 285 525 familles que comptait le Québec de 1996, seules 26 996 comportaient plus de 4 enfants.

Bien sûr, les mères d'aujourd'hui travaillent, bien sûr, les jeunes font face à une précarité économique grandissante, la vie conjugale est souvent chaotique et les femmes veulent changer de rôle, mais des raisons purement économiques ont accentué ce changement radical qui amorce la disparition des grandes fratries. En France, 85 % des revenus des familles de cinq enfants proviennent des allocations gouvernementales, 55 % dans le cas des familles de quatre enfants. La grande majorité des familles disposent de revenus extrêmement modestes et ne pourraient élever leurs enfants sans une aide massive de l'État.

À partir des années 1970, les prix des biens de consommation courante et spécialement des biens durables que sont les maisons, les voitures ou les électroménagers ont flambé, tandis que les salaires augmentaient moins rapidement. Au Québec, on considère que les dépenses personnelles pour ce type de biens ont été multipliées par 6 en 30 ans. Pas besoin d'être économiste pour comprendre qu'il s'est ensuivi une perte majeure du pouvoir d'achat. «C'est quand ils songent à devenir parents que les couples changent leur mode de vie et orientent leur consommation différemment, de dire Jocelyne Valois dans *Sociologie de la famille québécoise*. L'arrivée d'un enfant s'accompagne généralement de "privations", surtout si le couple consacrait une part importante de ses revenus aux loisirs ou aux voyages.»

Les normes de qualité de vie et les normes d'éducation ont changé, elles aussi. À l'époque de l'enfant unique et des chambres individuelles, le budget familial devient facilement une source d'angoisse. «La tension psychologique sur la réussite de l'enfant et son épanouissement semble incompatible avec une fratrie nombreuse», de commenter François de Singly pour le quotidien *La Croix*.

Pour France, mère de 11 enfants, ce sont les raisons économiques qui empêchent la plupart des couples de faire beaucoup d'enfants. Pourtant, dans les grandes familles, les parents interrogés sont unanimes: l'argent n'est pas un problème; on se débrouille et c'est tout. «On n'a jamais un sou de côté, de dire Claire, on compose avec ça. Le salaire rentre et on l'utilise jusqu'à la semaine suivante.» Hélène et Christian ont neuf enfants: «On a toujours vécu avec un seul salaire. On n'était pas riche mais on n'a jamais manqué de quoi que ce soit. On a simplement accepté de vivre d'une façon un peu différente.» « Les gens qui se comparent à nous ne comprennent pas comment nous faisons pour boucler nos fins de mois, s'amuse François, heureux papa de huit filles. Si on achetait tout ce qu'ils ont, on n'y arriverait pas, nous non plus!»

La règle numéro un pour les familles nombreuses québécoises? Accepter l'aide. D'où qu'elle vienne. Chaque semaine, François et Lucie trouvent sur leur balcon des tas de cadeaux: assez de vêtements pour ouvrir une friperie, des jouets et même des vélos. Chez Claire, Martin et leurs neuf petits, ce sont les électroménagers, les pains, le miel, les pommes ou de pleines casseroles de soupe qui trônent devant la porte. Jeanne et Philippe ont longtemps vécu dans une ferme avec leurs sept garçons et leurs deux filles, un moyen plus simple pour subvenir aux besoins essentiels de la famille, poules, cochons, tomates et patates ne manquant pas dans les champs.

Il faut dire qu'une tribu, ça mange! Souvent, dans ces familles à revenu modeste, c'est près de 30% du salaire qui passe sur la table. Philippe achetait parfois un bœuf au complet, des veaux, des dindes de 15 kilos. Le laitier et le boulanger passaient quotidiennement. Tout le reste était acheté en gros: 20 sacs de pommes de terre pris à l'automne et conservés dans une chambre froide. «La vie au Rwanda est pas mal plus difficile que la nôtre, de dire Hélène. Notre débrouillardise quotidienne ouvre l'esprit et dédramatise les petites misères!» « Quand le plus gros problème dans la vie, c'est de ramasser le linge qui traîne de 11 personnes, ça suggère que la vie est douce, non?» ajoute Christian, son conjoint.

«Moi, j'en voulais 12, s'esclaffe Lucie qui s'est arrêtée à 8. Je voulais plein d'enfants parce que je me sentais en manque. J'aime les clans, les tribus, les groupes. Les relations humaines ne s'apprennent pas dans les livres ! explique Hélène. La société ne répondait pas à mes attentes, alors je me suis constitué une société pour moi toute seule.» « J'ai eu mes enfants par pur égoïsme, complète Christian, le mari. Je me suis fait plaisir; c'est loin d'être un sacrifice.» « Je voulais au moins quatre enfants, pour avoir un "esprit de famille"; c'était fondamentalement la carrière que je convoitais», confie Jeanne. Claire voulait faire des enfants et devenir médecin; le choix cornélien s'est résolu au gré des résultats scolaires: elle s'est tournée vers la maternité avec le plus grand bonheur. «Je n'en retire aucune frustration. Quand les enfants seront grands, je retournerai sur les bancs d'école. Je ne suis pas pressée.»

Quand Claire a rencontré Martin, il voulait des enfants par conviction religieuse. Vouloir des bébés, c'est plus facile tant qu'ils ne sont pas nés! Quand ils ont commencé à naître, les doutes sont arrivés! Avoir une vie sociale et professionnelle très active est devenu difficilement conciliable avec la famille. Parce que la vie devenait de plus en plus compliquée avec trois enfants, le couple a fait des choix. «Ne pas avoir d'enfants, pour des raisons économiques me semble impensable. La société dans laquelle on vit a des standards de vie tellement élevés! Si tu veux voyager chaque année, aller dans des hôtels, changer d'auto régulièrement, aller au restaurant... tu ne peux pas avoir une grande famille. Mais ce ne sont pas des nécessités. En tout cas, pour nous, c'est moins important que d'avoir des enfants.» «Mes collègues de travail évoquent toujours des raisons économiques pour ne pas avoir plus d'enfants, mais en fait, ils ne sont pas prêts à sacrifier certains biens ou ils ne sont pas prêts à sacrifier une certaine sécurité d'emploi, un certain standing. Pour eux, les enfants c'est important mais pas au prix de certaines privations. Ils veulent tout.»

François va dans le même sens: «Quand tu commences ta famille jeune et que tu y crois, tu te rends compte que l'argent n'est pas un obstacle. Parce que tu ne passes pas de 2 enfants à 10 enfants en une semaine. Tout se fait tranquillement. On fait de la place à chaque nouveau bébé qui arrive. *Grosso modo,* on a le même rythme de vie que bien des gens : les enfants vont au cinéma une fois par an mais le film qu'ils vont voir, c'est le bon ! Quand on se paye du vin, on le choisit, il ne faut pas qu'on se trompe. »

Pour la plupart de ces familles nombreuses, le tournant s'est effectué avec la quatrième naissance. Tu commences à jongler, disent tous les parents qui, à deux, ne suffisent alors plus à la tâche. Ils doivent souvent changer de voiture ou de logement. Parfois, ils reçoivent de l'aide pour le ménage ou le lavage ; et puis, les plus grands commencent à faire leur part. Il faut dire que la routine est lourde : plusieurs lessives, plusieurs séquences de lave-vaisselle ponctuent chaque journée. La préparation des repas occupe à elle seule un tiers de la journée ! « Étrangement, plus on a eu d'enfants, moins c'était difficile : il se crée une économie d'échelle et les habiletés se développent en fonction des besoins de chacun », lance Christian. « C'est peut-être une illusion, mais je trouvais la vie plus pénible avec seulement deux enfants ! » « Au quatrième bébé, j'ai senti que j'avais un choix à faire, explique François. Je savais intuitivement que la création d'une entreprise serait incompatible avec la famille. J'ai préféré la famille ; à partir de là, trois enfants ou six, ce n'était plus difficile. Je n'avais aucun mal à rentrer du travail pour faire les repas. J'ai comparé le temps qu'occupaient les enfants et celui que mes copains passaient au travail ! Et la famille est devenue mon entreprise. Elle prend tout notre temps, nos soirées, nos fins de semaine… Mais les commerçants font la même chose. » Pour leur 25e anniversaire de mariage, Christian et Hélène sont partis seuls pendant 10 jours… C'était la première fois qu'une telle chose leur arrivait !

Claire continue : « C'est héroïque d'être à deux parents sur le marché du travail et d'avoir de jeunes enfants. Si père et mère sont plongés dans leur travail, c'est terriblement mobilisant. Les tâches sont de plus en plus complexes et exigeantes. Donc, quand ils reviennent chez eux, ils ne sont pas en mesure de gérer les problèmes. Enfants et parents ne se voient jamais ! Les parents ne sont pas disponibles, ils ne sont pas mal intentionnés, ils font souvent plein de choses avec leurs enfants, bien plus que ce que nous faisons, mais ils sont absents du quotidien. »

« On a découvert le bonheur d'avoir des enfants ; c'est un bonheur très simple, continue Hélène. Pour le premier et le deuxième, inexpérience aidant, tu ne goûtes pas au plaisir, tu es trop confronté au stress : tu es juste passé au travers d'une épreuve nécessaire, comme si avoir de jeunes enfants était une épreuve ! Certains couples veulent leurs enfants très rapprochés pour que ça aille plus vite. Pourtant, cette corvée ne dure pas longtemps. Le plaisir d'avoir des enfants, c'est d'avoir des enfants, pas d'avoir des adultes tout de suite ! C'est une découverte continuelle. » « Une famille nombreuse, c'est une école de vie, une école de caractère : ça développe le partage. Souvent, nous sommes 13 dans une maison où les familles traditionnelles sont 4, explique Lucie. Il y a des choses qui ne s'expliquent pas, qui ne se justifient pas. Attention, ils ne s'élèvent pas tout seuls, mais nos enfants ont le sens de l'autre au quotidien. On trouve qu'en général, aujourd'hui, les enfants sont assez blasés. Quand, à 10 ans, tu as tout fait… il n'y a plus de magie. L'enchantement disparaît. Les enfants en veulent toujours plus. »

« Pour nous, la famille n'est pas juste une question de nourriture. Il y a l'aspect spirituel, la formation de nos enfants, les valeurs à transmettre, le cheminement à suivre dans la vie. Le problème, ce n'est pas forcément de payer, c'est de mesurer l'impact des désirs, de faire la part des choses entre les réelles envies et les caprices, les envies fugaces ou la futilité. Quand il n'y a pas énormément d'argent, tu abordes ces notions-là : c'est sain. Tu remets les choses en perspective. Les achats, les tâches ménagères, etc. Quand tu n'as qu'un enfant, cette question ne se pose pas », complète François.

Un des fils d'Hélène et de Christian appelait sa famille le «troupeau». La proximité permanente était un fardeau, surtout à l'adolescence. Chez Jeanne et Philippe, les ados avaient aussi de sérieux accrochages. Mais comme le dit cette mère pleine de bon sens: «Il suffit qu'il y ait plus d'un enfant dans une maison pour qu'il y ait des disputes!» Et comme le commente Isabelle, une des filles de Michel et Martine, les avantages et les inconvénients de vivre dans une famille nombreuse reposent sur le même concept: ne jamais être seul. Aussi, chacun a souvent sa tâche à réaliser dans la maison ou dans le jardin. Entre les repas, la vaisselle, le lavage, la pelouse et les feuilles à l'automne, il y a toujours quelque chose à faire.

Martin raconte: «Mes parents étaient très pauvres et j'ai 19 années de scolarité. Si mes enfants ne parviennent pas à faire des études, c'est leur problème... pas le mien, et ils vivront toute leur vie avec ce manque de détermination. À un moment donné, dans la vie, il faut travailler pour obtenir ce qu'on veut. Comme parents, nous assurons le minimum vital, mais les jeunes adultes qu'ils sont devenus savent qu'on ne peut pas payer des études postdoctorales à 10 enfants... On ne peut pas! Et les plus vieux ont parfaitement compris que pour se payer des biens de consommation, il existe la loi du mérite. Avoir un travail, c'est rendre un service à la société. C'est une valeur, pas juste un prestige. En retour, on reçoit de l'argent, c'est la valeur de ce que l'employé représente. C'est un troc.» Et François de confirmer: «Je vais encourager mes filles à aller à l'université mais ce n'est pas une obligation. Si elles veulent vraiment y aller, elles travailleront en conséquence.» Les enfants d'Hélène et de Christian apprennent vite qu'il est normal de désirer obtenir quelque chose mais qu'il est tout aussi normal d'attendre. «Avec le temps, ils comprennent qu'ils ont la même chose les uns les autres. Ils s'identifient à leurs parents: si nous avions toujours plus qu'eux, ils en seraient frustrés. Mais, jusqu'à un certain point, ils sont reconnaissants de ce qu'on fait pour eux: ils ont compris qu'ils passaient toujours les premiers.»

Jeanne et Philippe mettent leurs enfants dehors quand ils atteignent le cap fatidique des 25 ans. « Il faut qu'ils deviennent adultes tout de même. Nous, à 25 ans, on avait déjà 6 enfants ! » Christian et Hélène estiment quant à eux que leurs enfants sont devenus très responsables. Une qualité inestimable, disent-ils. Et si l'adolescence a été secouée de plusieurs petites crises, il semble que l'intensité de la période ait été vite oubliée au profit d'une entente mutuelle très enrichissante.

Les huit premiers enfants de Jeanne et Philippe sont nés à l'hôpital dans les bras d'un accoucheur iranien qui trouvait l'initiative réjouissante. Mais à la neuvième naissance, l'obstétricien a réagi fortement en exprimant son profond mépris pour cette « lapine » par des commentaires désobligeants. « Accoucher ? C'est comme faire un gâteau. La première fois, c'est compliqué ; après, c'est facile. » Pour éviter l'environnement stressant de l'hôpital, Christian et Hélène ont choisi sept fois l'accouchement à la maison. « C'est important pour les plus vieux de voir naître les plus jeunes. À chaque naissance, on gardait le placenta dans le congélateur puis on plantait un arbre avec : c'est devenu une pratique totalement familiale. C'est notre façon de prolonger la vie... Un placenta, ça ne se met pas dans les ordures, ça se respecte. »

« La première et la deuxième fois que tu accouches, l'inexpérience aidant, tu ne goûtes pas au plaisir. Après, tu découvres le bonheur d'avoir des enfants. C'est un bonheur très simple. Beaucoup de gens passent à côté ; ils n'ont pas la chance de vivre la symbiose qui se crée entre la mère et son enfant. Ce sont des moments extraordinaires. C'est comme la lune de miel, on n'imagine pas priver un couple de sa lune de miel ! Beaucoup de mères ne goûtent pas ça. Comment voulez-vous qu'elles aient envie d'avoir des enfants quand on leur enlève le meilleur ! »

Quelles que soient les difficultés qu'ils ont rencontrées, aucun de ces couples n'échangerait sa vie contre celle d'un couple avec deux enfants. Jeanne et Philippe s'estiment même très chanceux d'avoir choisi ce chemin de vie, eux qui ont eu leurs 9 enfants avant de souffler leurs 30 bougies. Maintenant, avec leurs grands enfants sur le pas de la porte, ils se sentent prêts à profiter de tout. «Aujourd'hui, on nous rebat les oreilles avec l'épanouissement personnel. Quand tu as une famille nombreuse, tu ne penses pas à toi, tu vis pleinement dans le quotidien et tu ne penses pas à la retraite. De toute façon, dès que tu as un enfant, la retraite recule de 20 ans!» commente Lucie.

«Le monde occidental est un monde d'hommes voués à la solitude. Beaucoup de gens restent conformistes, hommes et femmes ne respectent pas leur désir de famille: ils nous envient. Les autres aspects de leur vie les laissent désabusés. Et quand les enfants partent de la maison, ils trouvent la vie tellement ennuyeuse! L'ennui, c'est normal à 80 ans mais pas à 50. Quel dommage!»

CHAPITRE IV

ENFANTS GÉNIAUX OU TYRANNIQUES ?

« Un enfant ou deux ? C'était la grande question. Un enfant, c'est simple. Ça se trimballe presque partout. Les repas, la routine quotidienne, les transports, les loisirs, les *nannies,* tout est si facile ! Mais avec deux enfants, nous allons devenir une famille. C'est comme si l'implication personnelle, l'investissement de soi, l'engagement devenaient plus réels, plus tangibles. Nous ne sommes plus un gentil trio mignon, nous devenons une entreprise familiale. » Magali traîne de la patte mais optera sûrement pour un deuxième bébé. Chrystel refuse, elle, de se laisser influencer : « Je me sens souvent jugée, un peu comme si c'était une tare de n'avoir qu'un seul enfant. »

Elles s'appellent Audrey, France, Nathalie, Sylvie, Wendy, elles sont mères d'un enfant et la perspective d'en avoir un deuxième les perturbe et les invite au questionnement. Bien que chacune évoque des raisons qui lui sont propres, deux éléments essentiels se retrouvent fréquemment au cœur de leur débat : le manque d'argent et le manque de temps. D'ailleurs, quand on interroge les Québécois sur les principaux freins à la maternité multiple, 38 % d'entre eux mentionnent l'insuffisance d'argent, assez loin devant la précarité affective (21,3 %).

« L'argent a une place centrale dans notre vie, explique France. C'est dommage, mais dans le monde de consommation dans lequel nous vivons aujourd'hui, il ne peut en être autrement.» Mirabel poursuit: «Un enfant, ce n'est pas un bien de consommation. Mais à 15 ans, l'ado devient une véritable bête de consommation et ce sont les parents qui payent. Alors, faire plusieurs enfants sans penser à l'argent, c'est totalement égoïste. C'est faire l'autruche devant une réalité qui dérange. Que peut-on répondre à un enfant qui veut suivre des cours de danse, de musique et de ski? Non, non, maman ne peut pas payer, va donc t'amuser avec tes frères et sœurs!» C'est vrai qu'au Québec les enfants sont élevés à la seule charge des parents ou presque, et ce ne sont pas les contributions gouvernementales homéopathiques qui peuvent inciter les couples à constituer des familles plus larges.

Pourtant, il n'y a pas qu'au Québec que le nombre d'enfants uniques augmente. Un peu partout en Occident, cette tendance se constate. Selon le sociologue Louis Roussel, cité dans le magazine *Le Point* en décembre 2001, c'est l'enfance qui est la plus fragilisée par l'évolution des mœurs. Alors qu'aujourd'hui, l'enfant est programmé et désiré, il est aussi devenu une question sociale. L'enfance n'est plus synonyme de paix et de sécurité mais bien souvent de haine et de violence. De la même manière, l'enfant est devenu un roi que les parents adulent: «On se met à considérer les gamins comme une minorité dominée par les adultes, des petits qu'il faut libérer et traiter comme des sujets accomplis. C'est une vraie révolution, car longtemps, jugé naïf et innocent, l'enfant n'avait pas de statut, il était sous la responsabilité du chef de famille.» Et si on traite maintenant l'enfant comme un adulte précoce, on oublie «qu'il est simplement un petit d'homme qui, grâce à l'éducation, doit progressivement devenir majeur». « La tolérance des parents ne fait pas forcément le bonheur des enfants. À force de vouloir leur éviter frustration et mécontentement, les parents font de leurs enfants de véritables tyrans qui ne supportent plus la contrainte et réagissent, face à la contrariété, par l'agressivité et la violence; un phénomène qui s'aggrave avec l'âge», explique la psychanalyste Christiane Olivier en quatrième de couverture de son récent *Enfants-rois, plus jamais ça!* « C'est entre deux et quatre ans, continue-t-elle, qu'ils acquièrent le respect de l'autorité, apprennent à accepter les contraintes et peuvent s'habituer à la discipline. Or, c'est précisément à cet âge, où ils nous semblent "si mignons", qu'on leur cède tout aujourd'hui. Le résultat, le voici : les enfants deviennent épouvantables et seront des adultes malheureux.»

Né du désir d'un couple ou d'une mère qui le considère comme son propre prolongement, l'enfant est forcément bon et génial. Un proverbe chinois dit : « Les enfants sont comme des rêves ; aucun n'est aussi merveilleux que les siens. » D'ailleurs, et ce serait une autre matière à développement, les enfants auxquels on attribue ou on reconnaît des talents exceptionnels sont la plupart du temps fils ou fille unique, constatent plusieurs professionnels de l'enfance. « Les enfants ont d'abord besoin d'être élevés par des adultes qui existent par eux-mêmes et ne pratiquent pas l'évitement systématique. Or, les parents d'aujourd'hui refusent le conflit et l'autorité parce qu'ils craignent de perdre l'affection de leur progéniture», continue Louis Roussel.

Si les Français sont réputés pour les taloches qu'ils n'hésitent pas à coller à leurs rejetons, les Nord-Américains sont particulièrement attentifs au parfait développement de leurs petits. Au Québec comme aux États-Unis, il faut laisser son enfant s'épanouir ; on doit l'écouter et le valoriser afin de découvrir ses talents cachés. Au quotidien, cela signifie que tout – absolument tout – se négocie. Quel message les parents envoient-ils alors ? Celui d'individus qui ont perdu toute crédibilité. Ce ne sont plus les parents qui savent et l'enfant qui se projette dans l'avenir. La famille est maintenant régie par un enfant dont l'image est galvanisée par le regard que ses parents posent sur lui ; le petit se sent surprotégé et surpuissant, incapable de sortir de l'univers de ses désirs.

Et ne parlons pas des enfants dont les parents ont divorcé et qui soudain deviennent la raison de vivre du parent qui en a la garde. À cet effet, le commentaire de Wendy est édifiant : « Je voulais un enfant pour avoir un ami. Je faisais tout avec lui comme s'il était un ami. » Il a fallu que la jeune mère suive une longue thérapie pour se dissocier enfin de cet enfant sur lequel elle faisait porter tout son univers. La thérapie de la mère a aussi permis au fils d'avoir enfin une réalité d'enfant. Dans ce monde où les plus jeunes sont souvent les maîtres, tout se complique avec l'adolescence.

Alors qu'il se sent irrésistible, l'ado se cogne soudain contre des murs bien plus résistants que ce à quoi il a été habitué. Les premiers échecs le frappent de plein fouet. La sexualité et les relations affectives deviennent très difficiles, ce qui invite les jeunes à se venger. Ils affrontent la société, eux qui n'ont pu affronter leurs parents toujours conciliants. L'appel de la délinquance et des accoutumances diverses offre à ces ados qui n'ont jamais eu de cadre un moyen de retrouver le confort de l'enfance : le déni de la réalité de l'âge adulte.

Et c'est vrai que le rôle de parent est ingrat, d'autant plus que peu de sociétés le valorisent vraiment. Alors, les parents se désistent et s'arrêtent à un enfant… parce que la tâche leur semble déjà si lourde. Sauf en Chine, où l'enfant unique est une loi de survie nationale qui, étrangement, tend à s'atténuer tandis qu'en Inde, elle devient une règle de plus en plus respectée spontanément.

Revenons en arrière. Aujourd'hui, l'enfant ne garantit pas l'avenir de la lignée, il est devenu le transfert de personnalité de ses parents. Et lesdits parents ont planifié sa naissance : ils y ont pensé, ont réfléchi, ont désiré puis sont finalement passés à l'action. La plupart du temps, ces adultes consentants ont eu une vie de couple avant l'arrivée du bébé. Et ce qui est paradoxal, c'est que leur désir de parentalité est presque proportionnel au plaisir qu'ils avaient à vivre en duo. Or, quand bébé se pointe, ces mêmes adultes lui reprochent d'avoir bouleversé la dynamique du couple.

Eh oui, la deuxième raison évoquée pour justifier de n'avoir qu'un seul enfant est le manque de stabilité affective. Line a perdu son conjoint dans l'heure qui a suivi l'annonce de la grossesse ; toutes ses nouvelles relations sont polluées par sa maternité monoparentale. Elle a tellement peur d'être à nouveau rejetée qu'elle préfère ne pas avoir d'autres enfants. Les ruptures, les séparations, les divorces sont fréquents, et particulièrement durant la première année de vie d'un bébé. Avec la précarité économique que vivent une majorité de mères qui élèvent leur enfant seules, peu d'entre elles sont prêtes à renouveler l'expérience. Elles sont blessées comme adultes et fatiguées comme mères ; deux bonnes raisons pour ne pas avoir de deuxième enfant. Certaines vont éventuellement profiter de la rencontre d'un nouveau conjoint lui-même père pour reconstituer la famille dont elles rêvaient.

Autre motif pour n'avoir qu'un enfant : l'âge. De plus en plus de femmes ont leur premier bébé après 35 ans. Si elles veulent en profiter, il ne leur reste que peu de temps pour en avoir un second. La maladie apparaît elle aussi comme une cause évoquée. Celle développée par la mère en période post-partum ou celle du premier enfant : vivre avec un enfant handicapé par une infirmité – légère ou lourde – demande une telle énergie aux parents qu'ils préfèrent souvent ne pas risquer d'en avoir un second.

Les maris interviennent beaucoup aussi. Plusieurs se sentent dérangés par leur premier-né. Ils trouvent que leur vie n'est plus comme avant, qu'ils n'ont plus assez de loisirs, plus assez de liberté, plus assez de temps pour eux. Ils n'accuseront jamais le temps passé au travail mais refuseront catégoriquement d'avoir un autre enfant, de peur de perdre encore plus. Étrangement, une majorité de femmes acceptent – parfois douloureusement – cette décision catégorique de leur conjoint. Beaucoup préfèrent amputer leur désir de maternité plutôt que de perdre l'homme grâce auquel elles y ont accédé. « Mieux vaut avoir ma fille avec son père, que deux enfants et le célibat », indique une internaute. À une époque où les parents ne sont pas sûrs de s'aimer longtemps, ils se sont mis à aduler leur unique progéniture passionnément.

Enfin, certaines femmes – et elles ont l'honnêteté de le dire – se contentent très bien d'un enfant unique: ce bébé trésor leur permet de se sentir pleinement féminines tout en continuant leur vie d'adulte professionnelle. «Je n'aurai pas d'autres enfants parce que je veux travailler le plus possible et m'offrir des tas de gâteries à partager avec mon amoureux», raconte Pascale. «Je n'aurai qu'un seul enfant et je vis très bien avec ma décision. Je croyais que devenir mère compenserait mon manque d'amour; aujourd'hui, je réalise à quel point je ne me connaissais pas», ajoute Judith. «Je n'ai pas besoin d'enfants pour être heureuse», de dire une autre internaute.

Si quelques-unes restent ambivalentes en ce qui concerne leur désir d'avoir plusieurs enfants, d'autres sont parfaitement radicales et se font ligaturer les trompes dès la naissance du premier. Quand on les interroge, celles-là n'offrent pas d'explications. Elles se contentent d'exprimer leur entière satisfaction face à cette décision irréversible. Quand on relit leur témoignage, on constate que ce sont des femmes dont l'accouchement s'est mal déroulé; surtout, on mesure à quel point l'arrivée de l'enfant est venue bouleverser leur structure de vie. Par exemple, parmi celles-ci, plusieurs n'ont pas allaité pour ne pas – selon elles – troquer leur statut de femme contre un statut de mère: elles veulent conserver à leurs seins leur rôle d'attributs sexuels, elles ne veulent pas être esclaves, elles n'en voient pas l'intérêt, etc. Elles manquent de temps, elles manquent de sommeil. «Plus rien ne sera jamais comme avant!» larmoie Mélanie.

Pratiquement tous les parents le disent: la routine est épuisante. En particulier, ils pointent le manque de spontanéité de leur quotidien. «Je ne peux plus improviser une sortie le week-end ou une soirée avec mes copines», se plaint Séverine. «Entre le travail le jour et les réunions professionnelles en soirée, je ne peux plus souffler», gémit une autre mère. En lisant ces commentaires, on se demande parfois pourquoi certains ont eu des enfants. Un jour, j'ai reçu la lettre d'une directrice de service de garde. Elle me racontait que plusieurs parents lui laissent leurs enfants 10 heures par jour – de 8 h 00 à 18 h 00 par exemple. Le temps de revenir chez eux, de préparer le repas, il est facilement 19 h 00. Un bain, une histoire et hop, bébé se couche. Père et mère confondus auront passé moins de trois heures dans la journée avec leur petit.

«Je me sens très coupable de ne pas faire un frère ou une sœur à mon enfant, mais je n'y arrive pas: je dois travailler pour le faire vivre; et si je travaille, je ne passe pas assez de temps avec lui», raconte Sylvie. Et l'on revient au point de départ, la réalité économique d'aujourd'hui: des parents seuls ou en couple qui ont l'impression de ne jamais en faire assez pour le bien-être de leur bébé. «Quand l'animal atteint un certain niveau de confort, il ne se reproduit plus», sermonne l'auteur dramatique et animateur de radio Jacques Languirand dans l'émission *Enjeux* présentée sur les ondes de Radio-Canada en février 2001. Au Québec, on compte un enfant unique sur quatre enfants; aux États-Unis, un enfant sur cinq n'aura ni frère ni sœur, une moyenne que l'on retrouve aussi en France. En Allemagne et en Belgique, il s'agirait plutôt d'un petit sur trois qui restera seul avec ses parents.

Dans un monde d'adultes qui encense la jeunesse et fait tout ce qui est en son pouvoir pour la préserver le plus longtemps possible grâce à des progrès médicaux spectaculaires, l'enfant devient véritablement le roi. Précisément, il devient comme les adultes… en plus jeune. Ce qui signifie qu'il a, comme ses pairs contemporains, des besoins de consommation immenses et chaque fois renouvelés. Tout petit, il ne peut quitter les produits dérivés des Télétubbies; enfant, il traîne sa Barbie ou son Action Joe, il mange des céréales qui donnent l'énergie du tigre, avant de courir chez McDo. À l'adolescence, les chaussures sont signées Nike, Adidas ou Reebok; les t-shirts, Dex Clothing; les lunettes et les parfums, Calvin Klein. Les marques s'appelaient Burberry's, Lacoste ou Christian Dior il y a moins de 20 ans. À quelques différences près : à l'époque, les gamins gagnaient leur argent de poche et ne l'exigeaient pas ; ils étaient peut-être jaloux mais ne rackettaient pas forcément les plus jeunes ou les mieux nantis ; ils se faisaient gronder ou punir par leurs parents s'ils ne respectaient pas les règles de vie sociale imposées à tous. Et gare aux oreilles de celui ou celle qui se faisait prendre à voler dans un magasin : les policiers faisaient toute une mise en scène pour éviter une récidive. À l'époque, revenir chez soi cerné par deux représentants du service de l'ordre avait de quoi paralyser le moindre désir de délit. Habituellement, les parents sévissaient, eux aussi. Maintenant, les réactions sont différentes ; quand sa fille de cinq ans a écrit sur le tableau noir de sa classe des insultes à l'intention de sa maîtresse, une mère l'a félicitée parce que cette intervention témoignait de sa capacité d'écrire sans fautes! lit-on dans un dossier présenté par le magazine télévisé *Le Point* en décembre 2001. Une autre anecdote relate la réaction outragée d'une mère dont le fils avait été puni pour avoir craché sur son pupitre.

Aujourd'hui, seule la veste à 450 $ mérite d'être mise parce qu'elle porte la marque truc ou bidule ou machin. « Maman, je ne peux pas porter un pantalon pareil, il n'est pas de telle marque ; il est nul, je n'en veux pas », de dire effrontément une gamine de moins de 12 ans à sa mère, dans un magasin du centre-ville de Montréal. « La société de consommation, par son matraquage de signaux et de sollicitations, place l'adolescent sous tension, l'inscrit dans la dynamique du "toujours plus", remplace la culture de l'évasion et du divertissement par une culture de l'*addiction* : le plaisir lié à une dépendance », développe Monique Dagnaud, sociologue au CNRS à Paris, dans le cadre d'un rapport présenté auprès du ministère de l'Éducation intitulé *Enfants et publicité télévisée*. « L'économie marchande s'est emparée des désirs et de l'imaginaire des jeunes, et ceci avec la complicité des adultes : en effet, la consommation constitue souvent un agent régulateur, voire pacificateur des relations parents-enfants. On veut réhabiliter la notion d'éducation, de responsabilités parentales, susciter des repères? Commençons par sortir nos enfants de la consommation comme l'alpha et l'oméga de l'existence.»

Mais n'oublions pas que pour que les enfants soient victimes d'une consommation débridée, encore faut-il que leurs parents aient, un jour ou l'autre, lancé le bal. Ce n'est pas le nouveau-né qui s'offre un manteau en vison rasé Gucci à près de 6500 $; pas plus que ce ne sont les petites filles de huit ans qui cassent leur tirelire pour acquérir une robe griffée ou des chaussures de marque prestigieuse. Chez nous, les vêtements sont passés de ma demi-sœur à ma fille aînée puis à sa cadette. Et ceux qui sont en bon état seront certainement portés par la petite dernière. Je ne vois absolument pas pourquoi j'irais mettre dans la garde-robe de mes filles plus que ce que je n'ai jamais osé mettre dans la mienne! Je gagne mon argent, pas elles. Je trime fort pour obtenir ce dont je rêve, pas elles.

Sans vouloir taper sur le dos des parents d'enfants uniques, on ne peut que constater qu'avec plus d'un enfant, les parents ont forcément plus de mal à pourvoir aux attentes galopantes de leurs prodiges. Ils manqueront de moyens, de temps, d'envie de négocier et d'accorder tout ce que les petits chéris réclament. Alors comment fixer la limite? À partir de quand un adulte peut-il imaginer qu'il tolère trop de son enfant? Eh bien tout simplement quand l'enfant a tellement envahi la vie de la famille qu'il a fait basculer ses parents dans le dévouement sacrificiel, explique la psychothérapeute pour enfants Béatrice Copper-Royer dans le magazine *Le Point,* en décembre 2001.

Qui sont ces parents qui cèdent pour éviter d'affronter, de se fâcher, bref, pour avoir la paix? En Allemagne, on les considère à l'origine de la «catastrophe éducative». Ce sont les *postbaby-boomers* qui ont pleinement vécu l'euphorie et les excès des années 1970. Sous prétexte de rompre avec la rigueur des normes sociales – et éducatives –, ils ont imposé le dogme de l'éducation « antiautoritaire ». En gros, l'ère de la liberté absolue et du copinage entre parents et enfants. Au quotidien, cela donne des enfants à qui l'on excuse tout, sous prétexte qu'ils auront bien le temps d'affronter la réalité des adultes.

Alors, l'enfant unique mérite-t-il plus que les autres les qualificatifs qui le décrivent souvent comme égoïste, capricieux, surprotégé et gâté ? Josée est fille unique, elle n'a eu qu'un seul enfant mais pour elle, les défauts que l'on attribue aux enfants uniques ne sont que le fruit de leur éducation et non une tare imputable à leur statut familial. D'ailleurs, les pédopsychiatres sont unanimes : il n'existe aucune névrose de caractère spécifique au fait qu'un enfant n'ait ni frère ni sœur. La solitude devient donc rapidement la pire et la meilleure des choses.

Le chanteur louisianais Zachary Richard est enfant unique ; tout jeune, il s'est senti symboliquement placé sur un trône, ce qui l'a beaucoup isolé. « J'étais tellement privilégié que j'ai eu beaucoup de mal à affronter la vie d'adulte : je suis habitué à être le centre ; je ne m'ouvre pas facilement, je préfère rester dans mon cocon, seul », explique-t-il devant les caméras d'une émission d'*Enjeux* présentée en février 2001 sur les ondes de Radio-Canada. Cette solitude est forcément vécue par tous les enfants uniques. Mais elle n'est pas vécue par tous de la même façon. En ce qui me concerne, je m'ennuyais terriblement : je lisais tout le temps, faisant des personnages de mes romans les amis de mes histoires solitaires. Et puis j'adorais l'école, lieu privilégié pour rencontrer d'autres enfants. Toutefois, les enfants de mon âge m'ennuyaient, eux aussi : je tenais trop souvent des conversations avec des adultes pour apprécier les propos insignifiants de gamins de mon âge !

Il semble que ce soit le meilleur moyen de repérer les enfants uniques à la rentrée scolaire ; ce sont ceux qui parlent « intelligemment », quel que soit leur âge. Ils sont observateurs, structurent leur pensée et développent des thèmes avec application, tout habitués qu'ils sont à être pris au sérieux. Seuls chez eux, ils jouent dans la cour d'école et se laissent aller à être des enfants dès qu'ils sortent de la classe. En gros, ils ressemblent beaucoup aux aînés de fratrie, explique, dans le magazine de Lausanne *Construire,* le sociologue suisse Eric Widmer, auteur d'une enquête réalisée en 1995 auprès d'environ 800 adolescents. Comme les premiers-nés des familles de deux enfants ou plus, les enfants uniques sont porteurs des espoirs parentaux ; comme eux, ils assument souvent beaucoup de responsabilités. Et très vite, ils apparaissent comme les interlocuteurs privilégiés des parents.

« J'ai très vite appris à être autonome, je ne dépends de personne », déclare Olivia. « J'ai l'impression d'être plus mûre, continue Anne, avant d'ajouter : La situation est confortable, mais elle est aussi oppressante. » « J'ai peur de me retrouver seule à la mort de mes parents ; ils m'ont tellement emmenée partout. Je ne sais pas comment je vais fonctionner quand ils ne seront plus là », conclut Valérie.

Avant, du temps où les enfants uniques n'étaient pas légion, la famille était le premier lieu de socialisation : le petit dernier apprenait à vivre – parfois à la dure – avec ses frangins et frangines. Il découvrait le partage, la rivalité, les conflits mais aussi la négociation et la diplomatie au rythme quotidien des querelles et câlins de sa tribu. L'enfant unique, lui, restait souvent dans son coin, taciturne, incapable de rencontrer les autres enfants.

Maintenant, l'enfant unique vit une réalité toute différente : il fréquente la crèche ou le service de garde dès le plus jeune âge, puis l'école, lieu de contraintes motivées par le respect d'autrui et les règlements collectifs. Il grandit éventuellement dans une famille reconstituée. Bref, il est souvent loin d'être seul. D'ailleurs, toujours selon l'enquête de M. Widmer, l'enfant unique qui se fait facilement des amis va surtout choisir et développer une amitié de prédilection très forte. Toutefois, alors qu'il a, comme tous les autres enfants, besoin de parents attentifs et disponibles, il ne doit pas se sentir investi de l'entière responsabilité du bonheur familial, de dire la pédiatre Edwige Antier, citée dans le magazine *Famille et éducation* en juin 2000. D'autant qu'à l'adolescence, quand le poussin couvé jusque-là quittera le nid pour voler de ses propres ailes, le parent surprotecteur risque de très mal vivre la rupture. C'est très difficile pour un enfant d'endosser tous les idéaux de ses parents. Un beau jour, il doit faire le choix de ses propres valeurs, ce qui va rarement sans heurter les rêves élaborés par ses géniteurs !

Encore une fois, tout est question d'équilibre. Ainsi, loin des confrontations familiales permanentes, l'enfant unique peut acquérir une solide estime de soi et une assurance enrichissante. Jusqu'à un certain point, il peut tout à fait imaginer qu'il satisfait tellement ses parents qu'ils n'ont pas imaginé avoir d'autres enfants. Quelle source de valorisation ! Parallèlement, l'enfant unique habitué à être le centre, félicité pour tout ce qu'il accomplit, risque de ne pas trouver très facile l'âge adulte rythmé par une compétition toujours plus effrénée. Son travail jusqu'alors systématiquement reconnu et apprécié risque de se perdre parmi celui de tous les autres… Ne parlons pas de l'enfant unique qui, dans une famille monoparentale, tranquillement, devient le « conjoint » symbolique du parent qui en a la garde. Ainsi, Mireille, qui a vécu une relation tellement symbiotique avec son fils qu'elle n'a jamais pu avoir d'homme dans sa vie ; et quand le petit garçon, devenu grand, a quitté le foyer maternel, le couple qu'ils formaient a sombré dans les abysses de la dépression. Cette confusion générationnelle a véritablement bloqué leur évolution vers l'indépendance affective et le développement de relations amoureuses entre adultes, chacun trouvant toujours son nouveau partenaire moins intéressant que sa mère ou que son fils !

Sans vouloir systématiser la chose, ce sont souvent les rivalités entre frères et sœurs qui permettent à l'enfant de développer sa capacité à réagir dans une situation donnée ; ainsi, s'il apprend à se battre avec un frère cadet, l'aîné apprend aussi à se réconcilier, ne serait-ce que pour s'associer face aux parents. Ces apprentissages deviennent des clés de la future vie de couple. De la même manière, en évitant à leur progéniture exclusive la réalité des conflits, certains parents exposent leur petit à une peur panique des disputes et de l'agressivité en général.

Que suggèrent alors tous les spécialistes de ce monde? D'abord et avant tout de ne pas se culpabiliser! Il n'y a rien de pervers ou de traumatisant à être enfant unique. Toutefois, il est fortement recommandé de ne pas surévaluer les capacités intellectuelles de son enfant. En sentant l'approbation consensuelle et tacite à toute preuve de sa maturité précoce, l'enfant peut rapidement oublier son âge et, du même coup, passer à côté de la précieuse liberté de l'enfance.

Au lieu de souligner méthodiquement les habiletés intellectuelles et verbales de l'enfant, il est préférable de l'aider à développer aussi ses capacités non verbales. Les génies, c'est bien, mais le surdoué qui regarde ses congénères de travers parce qu'ils ne comprennent pas l'entomologie à huit ans, c'est triste!

Bien sûr, et peut-être est-ce la base, il est mieux d'éviter de traiter l'enfant unique en petit adulte – les problèmes de factures, d'engueulade avec le patron, d'achat de voiture, de condoms ou de déménagement ne sont pas de son ressort –, de respecter ses besoins régressifs et, surtout, de favoriser les relations sociales avec les enfants de son âge. Évidemment, il est préférable de ne pas céder systématiquement à toutes ses demandes et de ne lui accorder que le temps nécessaire (ce qui est, convenons-en, très subjectif); mais aussi, de ne pas hésiter à le gronder et à le punir s'il se comporte mal.

Dans un livre élaborant les préjugés tenaces dont sont victimes les enfants uniques et leurs parents, l'auteur française Danièle Laufer, citée dans le magazine *Construire,* en octobre 2001, se demande si le problème qu'ils posent n'est pas tout simplement qu'ils remettent en question le rôle exclusif dans lequel les sociétés aimeraient encore cantonner les femmes: celui de mère.

CHAPITRE V

UN ENFANT À TOUT PRIX

« Quand on me dit que j'ai bien de la chance d'avoir des jumeaux, j'ai envie de hurler. Ce n'est pas de la chance : moi, j'ai mérité mes enfants ! » Brigitte B. ne mâche pas ses mots. Pour cette femme, comme pour de nombreuses autres, la naissance d'un bébé a couronné des années d'efforts soutenus à lutter contre l'infertilité.

Et jusqu'à un certain point, Brigitte B. a eu la vie facile, il lui a suffi de subir quelques années de traitements hormonaux, trois fécondations artificielles et une fécondation *in vitro* (FIV). Brigitte G. s'est, quant à elle, imposé 11 inséminations artificielles et 2 fécondations *in vitro* en 9 ans avant de voir le bout du nez de ses jumeaux. Pendant cinq ans, Élisa, elle, a bataillé chaque mois avec son thermomètre pour s'assurer de ses périodes d'ovulation.

« L'infertilité constitue l'une des crises les plus profondes du couple. Elle menace tous les aspects de la vie à deux : elle n'affecte pas uniquement les relations entre les deux partenaires, mais touche également chacun individuellement, en affectant le sens du moi, les rêves d'avenir, les relations avec les parents, amis et collègues. Peu de crises mettent en question autant d'aspects psychologiques et sont aussi accablantes», lit-on dans la page consacrée à l'infertilité du site Internet Fécondités.

Aujourd'hui, dans une société ultracompétitive où les codes perfectionnistes dominent, un couple – *a fortiori* heureux – se doit d'avoir des enfants. Certains, d'un commun accord, n'en veulent pas, mais d'autres vivent dans la perpétuelle attente, jamais couronnée d'une naissance. Pour tous ceux-là, évoquer un problème de fertilité équivaut souvent à exprimer un tel échec qu'ils préfèrent le nier. Avant d'effectuer la moindre analyse, ils vont subir pendant des mois, voire parfois des années, le regard des voisins, les questions de la famille et l'annonce des grossesses des collègues avec la même douleur. Chaque mois, la question revient en même temps que les menstruations, la colère, la culpabilité, la rancune et la jalousie : pourquoi nous ? Pourquoi sommes-nous privés du droit élémentaire d'avoir des enfants ?

Actuellement, les médecins considèrent qu'un couple dont la femme a moins de 30 ans doit consulter des spécialistes dès lors qu'il essaie d'avoir un enfant sans succès depuis plus de deux ans. Si la femme a plus de 30 ans, 12 mois de tentatives infructueuses devront se solder par un examen complet et le couple n'attendra que 6 cycles infertiles si la femme a plus de 40 ans. Idéalement, la décision d'aller passer des tests devrait être prise à deux, puisque chacun des deux conjoints peut être à l'origine du problème. Malheureusement, les hommes sont souvent très réfractaires à l'idée d'investigations dont ils risquent de sortir ébranlés. Tandis que les femmes qui découvrent une cause d'infertilité ont principalement peur d'être abandonnées par leur conjoint, les hommes, eux, se sentent surtout blessés dans leur virilité, se considérant bons à rien... comme leurs spermatozoïdes !

Toutes sortes de causes peuvent générer une infertilité. Ainsi, certaines femmes dont les mères ont reçu dans les années 1970 une prescription de médicaments censés limiter les risques de fausse couche ont l'utérus déformé. D'autres femmes ont eu les trompes obstruées.

D'autres encore ont été soignées pour diverses pathologies gynécologiques conséquentes à des maladies transmises sexuellement ou à l'aggravation d'affections de type endométriose. Une femme sur trois aura un fibrome après 35 ans, explique dans la *Lettre du gynécologue* de novembre 1994 le Pr Jacques Lanzac, chef du service de gynécologie-obstétrique du Centre Hospitalier Universitaire de Tours, en France. Et, oui, on y revient, l'âge aidant, il devient de plus en plus difficile de faire des enfants naturellement ; or, les couples en général et les femmes en particulier envisagent de plus en plus tard de concevoir leur premier enfant. Du coup, ils se frappent de plus en plus souvent au mur de l'infertilité.

Les femmes ne sont pas les seules responsables, bien sûr : 30 % des cas d'infertilité sont d'origine masculine. Les chercheurs pointent du doigt des œstrogènes mais aussi les insecticides et pesticides présents dans plusieurs aliments. Ces produits toxiques ingérés par la mère pendant sa grossesse ou par un individu durant sa croissance altèrent le développement de l'appareil génital du fœtus ou de l'homme. Le résultat est une dégénérescence de la qualité du sperme, constatée plus globalement à l'échelle occidentale depuis une cinquantaine d'années.

Évidemment, les conséquences sont tangibles : les risques d'azoospermie (ou absence de spermatozoïdes dans le sperme) augmentent de 60 % chez les hommes qui consomment alcool ou tabac, qui portent des pantalons serrés provoquant des échauffements des testicules ou qui ont été traités pour des pathologies spécifiques. Sans oublier que la vascularisation des testicules diminue avec l'âge, ce qui provoque dès 30 ans, mais spécialement après 50 ans, une altération du nombre de spermatozoïdes et de leur mobilité, un phénomène communément appelé « oligoasthénospermie ».

Histoire de simplifier la tâche, les spécialistes ont constaté que, chez l'homme comme chez la femme, la qualité de la conception diminuait substantiellement avec l'âge. D'autant qu'à l'heure actuelle, nombre de femmes ont suivi un ou plusieurs régimes amaigrissants dans leur vie, un autre facteur amenuisant la fertilité. «À force de vouloir rester minces, ces femmes manquent de calories et se mettent en état d'épargne énergétique. L'organisme entre en hibernation, ce qui entraîne une baisse de production des hormones de l'hypophyse: l'ovaire n'est plus stimulé», expliquait en 2001 le Pr Jacques Bringer, de l'hôpital Lapeyronie, de Montpellier, dans l'article «Les croisés de l'infertilité» paru dans *Le Nouvel Observateur*.

La pilule anticonceptionnelle a largement contribué à modifier les comportements des couples. En plein contrôle de leur vie, les femmes pensent carrière, loisirs, taille fine, conjoint et maison avant d'envisager de pouponner. Les progrès spectaculaires de la technologie et la médiatisation systématique dans le domaine de la procréation donnent l'illusion d'une science toute-puissante. Beaucoup de couples qui, il y a 20 ans, auraient dû faire le deuil de la possibilité d'avoir un enfant, peuvent aujourd'hui concevoir grâce aux différents protocoles de procréation médicalement assistée (PMA). «Nous ne sommes pas des magiciens», conclut pourtant le gynécologue et responsable du Centre d'étude et de conservation des œufs et du sperme humain de l'hôpital Cochin (CECOS), Jean-Marie Kuntsmann, dans le même article du *Nouvel Observateur*.

«Il est vrai que les pratiques douteuses de certains gynécologues ne contribuent pas à la sérénité du débat. Entre l'amalgame avec les manipulations génétiques, les grossesses en sept exemplaires et les grands-mères porteuses, on a parfois oublié l'essentiel: à savoir que l'infertilité est avant tout l'affaire d'un homme et d'une femme désirant, comme la plupart des habitants de la planète, fonder une famille», rappelle, dans le magazine *Construire* de janvier 2000, le Dr Marc Germond, de l'unité de médecine de la reproduction de Lausanne, en Suisse.

Malgré l'avancée des technologies de communication et la véritable boulimie des couples en matière d'information technique, peu d'individus s'attendent à la réalité de la fécondation assistée! « C'est étonnant, raconte le Dr Renda Bouzayed, rencontrée à Montréal, combien les couples perdent leur sens commun dès qu'on leur parle d'aide à la procréation.» Malgré l'évocation des coûts, de la durée et des souffrances, personne n'hésite et tous se lancent dans la bataille avec l'énergie du désespoir. Et ce ne sont sûrement pas les recommandations des spécialistes ou les phrases involontairement assassines du type «Pourquoi ne voulez-vous pas adopter?» qui les feront changer d'avis.

Tandis qu'ils se soumettent de mauvaise grâce aux examens médicaux, les couples se sentent facilement honteux de ne pas être comme tout le monde. Et 10% des cas d'infertilité ne reposent sur aucune cause. De quoi être encore plus dépourvu! C'est une période difficile durant laquelle les couples ont besoin d'être entendus, compris et soutenus. Le chemin de croix ne fait que commencer.

Globalement, les chances de réussite sont faibles: on parle de moins de 20% pour une fécondation *in vitro,* 10% pour une insémination artificielle avec donneur et moins de 7% pour une insémination avec sperme du conjoint. Et les durées s'étirent facilement: il faut obtenir un premier rendez-vous, il faut ensuite trouver un donneur de sperme, voire une donneuse d'ovocytes. De surcroît, il faut subir une batterie de tests, ponctions, prises de sang, injections. Les femmes reçoivent des suppléments hormonaux, endurent des prélèvements et autres traitements invasifs.

Isabelle s'est levée à 4 h 00 du matin pendant quatre ans. Chaque jour, avant d'aller travailler comme cadre supérieur, elle parcourait près de 300 km pour recevoir une injection d'hormones. Ses seins ont poussé, ses hanches se sont affinées mais, chaque mois, elle tachait ses sous-vêtements. Découragée, épuisée, elle a décidé de mettre un terme à cette thérapie quotidienne. Une fécondation *in vitro* plus loin, elle donnait finalement naissance à une adorable petite fille.

Incompris par leur entourage, la plupart des couples infertiles se replient sur eux-mêmes. Mais la vie sexuelle prend une tout autre allure dès lors qu'elle est rythmée par l'obsession du 14e jour du cycle. Les assauts manquent de romantisme et ressemblent à des charges héroïques. Le sexe se calcule en rentabilité plus qu'en plaisir. Et le lit devient facilement le lieu d'expression des frustrations, des émotions négatives et des angoisses longtemps refoulées. Si plusieurs couples vont profiter de cette période pour se serrer les coudes et se rapprocher dans l'espoir, d'autres vont exploser au gré de crises de désarroi qui ratissent l'estime de soi au ras des pâquerettes. Parfois, quand les derniers espoirs sont abandonnés, l'enfant paraît. Nous connaissons tous des histoires de femmes qui deviennent enceintes après des années de tentatives infructueuses, alors qu'elles viennent d'apprendre que leur demande en adoption a enfin été acceptée. Loin de la légende urbaine, ces anecdotes traduisent l'importance du psychisme dans certains cas d'infertilité.

Auteur d'un des ouvrages de référence en la matière, la psychanalyste Geneviève Delaisi de Parseval rappelle combien un enfant demeure le fruit d'un échange entre le psychisme et le corps de deux personnes qui ont chacune une histoire, deux parents, quatre grands-parents. Parfois, quelques séances de thérapie permettent de délier une partie des nœuds qui bloquent le processus procréateur. La plupart du temps, les couples submergés par la routine d'assistance à la fécondation et noyés sous les coûts n'envisagent pas de suivi psychologique. D'autant plus que celui-ci n'a rien d'obligatoire et n'est fortement suggéré, au Québec par exemple, qu'à compter d'une septième FIV! « À partir de là, on va chercher systématiquement sur quoi se fonde le désir d'enfant du couple », explique Suzanne Birmingham, psychologue à la clinique Procrea de Montréal.

Pour une majorité de couples, une fois le diagnostic posé, commence la longue série des traitements. «C'est le stade auquel la fertilité gouverne entièrement la vie du couple, lit-on sur le site Fertinet. C'est une période de hauts et de bas émotionnels très intenses.» En particulier, plusieurs couples ont franchement le sentiment d'être des victimes des médicaments, des médecins et de la technologie. Certains tiendront 5, 10, 15 ans sans baisser les bras. Ils vivent les doutes mais refusent d'abandonner. En ce qui me concerne, je ne sais pas comment ils font. Mais quand on a des enfants bêtement faits au lit, on ne peut prononcer de commentaires sans s'attirer les foudres des couples infertiles. Pourtant, on ne peut s'empêcher de se poser des questions sur la pertinence de démarches qui frisent l'acharnement. Une femme qui subit des avortements à répétition est-elle forcément plus condamnable que celle qui réclame des FIV à répétition? Le coût économique, social et psychologique est-il justifié?

Première étape, la thérapie médicamenteuse. Pour les profanes, cela signifie qu'une femme aux ovaires paresseux va endurer une prise de sang quotidienne qui détermine, grâce à des dosages hormonaux, le jour de l'ovulation Ensuite, elle va recevoir un supplément hormonal quotidien par injection qui palliera sa déficience corporelle. Huit femmes sur dix parviennent à devenir enceintes après plusieurs cycles à ce régime de stimulation hormonale... en ayant des rapports sexuels, évidemment! Si ça ne suffit pas, l'étape suivante, l'insémination artificielle, pallie une quantité insuffisante de spermatozoïdes. Si cela ne réussit pas, peu de couples choisissent de s'arrêter là, faisant le deuil de donner naissance à un enfant ou s'orientant vers l'adoption; la plupart continuent vers la fécondation *in vitro.*

La FIV convient particulièrement aux couples dont l'homme est atteint d'une stérilité sévère ou dont la femme a des trompes défectueuses. Elle consiste en une reproduction en laboratoire, hors du corps de la mère. D'abord, la production d'ovocytes de la femme est augmentée grâce à des traitements spécifiques. Leur ponction est ensuite effectuée sous anesthésie locale. Ensuite, ils sont mis en contact avec les spermatozoïdes – parfois, le spermatozoïde peu efficace est directement introduit dans l'ovocyte – sous microscope. Comme le racontent Francine et André dans le site de l'Association Demeter, on en extrait le plus possible afin de multiplier les chances de fécondation.

Arrivent les deux jours les plus longs de l'histoire des parents potentiels : ils doivent attendre les résultats pour savoir combien d'embryons sont nés de cette rencontre organisée. Nouvelle attente de trois ou quatre jours pour savoir, cette fois, combien survivront à la culture prolongée. S'il y en a plus de quatre, deux embryons seront implantés dans le ventre de la mère ; les autres seront congelés en vue d'une grossesse ultérieure. Pensons à Céline Dion qui, après ses trois ans de spectacles à Las Vegas, partira à New York pour féconder un œuf congelé de son mari René Angelil.

Dès lors, la vie normale peut reprendre, ponctuée d'un certain nombre d'échographies qui garantissent le plein épanouissement des embryons. Normalement, le couple donnera le jour à un ou deux bébés en temps et lieu. Les naissances sont souvent prématurées, mais ce n'est pas un signe funeste comme en témoignent les Girard, heureux parents de jumelles nées à 33 semaines sur 40 de gestation normale. Olivier s'est lui aussi vengé de sa stérilité en ayant non pas un, mais deux garçons.

Le désir contrarié de procréer peut conduire le couple au bord du gouffre, puis arrivent les différentes étapes du diagnostic et des traitements. Après plusieurs tentatives avortées, vient le moment décisif pour les couples qui doivent alors choisir entre continuer leur thérapie d'assistance à la fécondation ou tout arrêter. La plupart du temps, cette décision radicale s'accompagne d'un immense sentiment de vide, de tristesse, d'épuisement. Pour certains, ce n'est qu'une pause, le temps de reconstituer force et portefeuille, comme le signalent Marie et Pierre. Pour d'autres, c'est le soulagement de mettre un terme à une expérience douloureuse. Peut-être le moyen aussi d'apprivoiser la vie sans enfant. Pour d'autres, enfin, ces épreuves conduiront tout naturellement vers l'adoption.

Et l'adoption est loin d'être une sinécure! Là encore, les anecdotes fourmillent mais finalement, on retrouve tout un éventail de parents en devenir qui cherchent par tous les moyens à réaliser leur rêve. D'une part, des couples récemment formés qui ont déjà des adolescents, qui veulent des enfants issus de leur nouvelle union, mais qui n'ont plus l'âge pour cela. D'autre part, des couples qui se savent infertiles et qui refusent d'entrer dans la machine de la procréation assistée médicalement ou d'y laisser trop de plumes. Des missionnaires aussi, qui se sont donné comme objectif de recréer la tour de Babel chez eux ou de venir en aide aux enfants les plus démunis. Enfin, des couples au bout du rouleau qui ont essayé, puis essayé encore tout ce que la médecine leur proposait, qui ont souffert physiquement, affectivement et économiquement et qui, en dernier ressort, se tournent vers l'adoption.

Quand ils arrivent dans les bureaux d'adoption des Centres jeunesse de Montréal, «les couples sont vulnérables et impuissants. Ils doivent faire face à l'échec: un plan de vie qu'ils avaient imaginé et qui ne fonctionnera pas. Ils ont un deuil à vivre et sont obligés de s'adapter à cette douloureuse réalité», explique Louise Noël, une des assistantes sociales de l'endroit. Quand un homme et une femme se rencontrent, ils vivent un temps leur amour naissant, puis ils s'installent. Maison, auto, carrière, loisirs n'ont souvent de sens que s'ils sont couronnés par l'arrivée d'un bébé. C'est ce que la majorité des couples tiennent pour acquis. Et chacun de prendre son temps. Or, en matière de fertilité, chaque année compte, ou presque. Dès lors qu'ils apprennent qu'ils ne peuvent pas concevoir, les conjoints se sentent imparfaits, incomplets. Habitués à contrôler chaque aspect de leur vie, ils ne parviennent pas à maîtriser leur reproduction.

«Les couples les plus jeunes ou qui n'ont fait que quelques démarches en clinique de fertilité assument souvent plus rapidement leur choix d'adopter. Du coup, ils ont moins de réticences à recevoir n'importe quel enfant. Leur but n'est plus de faire l'enfant, mais bien d'avoir du plaisir à l'élever, continue Louise Noël. À l'inverse, les couples qui se sont acharnés se tournent vers l'adoption presque par dépit.»

Deux types d'adoption sont à la disposition de la plupart des Occidentaux : locale et internationale. Au Québec, dans les années 1950, il était tellement impensable pour une jeune femme d'élever son enfant seule que celles qu'on appelait filles-mères abandonnaient le plus rapidement possible leur bébé aux bons soins des orphelinats religieux. C'était l'époque dorée des pouponnières dans lesquelles les parents infertiles n'avaient qu'à se servir. Aujourd'hui, les jeunes filles malencontreusement enceintes peuvent se faire avorter ; l'immense majorité des bébés québécois disponibles dès la naissance sont donc ceux qui ont été retirés à leurs parents par les services sociaux.

Selon la loi, «un enfant peut devenir adoptable lorsque ses parents n'en ont pas assumé le soin, l'entretien et l'éducation pendant une période de six mois», prévient Denis Dupuis, responsable du service d'adoption des Centres jeunesse de Montréal. Toutefois, quand une mère est sous le coup d'un avis de situation à risque, son bébé lui est soustrait dès la salle d'accouchement. Il s'agit bien sûr de cas extrêmes : des adolescentes déjà suivies par les services sociaux, des jeunes femmes qui développent de telles carences affectives qu'elles font des enfants à répétition, chacun se retrouvant automatiquement placé en famille d'accueil. Porter un enfant constitue leur unique moyen de se sentir en vie et de contrer le vide intérieur qu'elles ressentent le reste du temps. Ces enfants peuvent aussi être nés de femmes que la consommation de différentes drogues empêche de prendre soin d'un nouveau-né.

En moins de 10 ans, entre 1988 et 1997, 65 % des enfants de moins de 2 ans qui ont été placés dans une famille d'accueil sont devenus adoptables. C'est là une réalité toute québécoise. Depuis 1988, la Direction de la Protection de la Jeunesse (un équivalent de la DASS française) confie la gestion des adoptions aux Centres jeunesse. Deux situations prévalent. Dans la première, le bébé est confié volontairement en adoption par la mère et devient adoptable dès ce moment-là. Louise Noël commente : « Les mamans qui confient leur enfant en adoption volontairement ont rarement plus d'un enfant. La grossesse a été un accident, et les parents ont eu assez de maturité pour réaliser qu'ils n'avaient déjà pas les moyens de s'occuper d'eux-mêmes, donc qu'ils ne parviendraient pas à prendre la responsabilité d'un bébé. Ce sont des gens plus évolués psychologiquement. » Denis Dupuis complète : « Dans les années 1950, 1960 et 1970, c'était ça, l'adoption au Québec ! »

Deuxième situation, un bébé est retiré de sa famille biologique et placé dans une famille d'accueil. En 1988, les services sociaux ont réalisé qu'il était très douloureux pour une famille qui s'était impliquée de tout cœur dans l'éducation d'un enfant de le remettre automatiquement et parfois à mauvais escient à ses géniteurs. Ce fut la naissance des familles dites en « banque mixte », des couples qui acceptent de jouer de façon séquentielle le rôle de famille d'accueil, puis de famille d'adoption, pour un enfant qui n'a plus de possibilités de retour dans sa famille biologique.

Quand l'enfant a été victime d'abus physiques, sexuels ou psychologiques sévères, il est relativement simple de prouver que ses parents n'en ont pas pris soin. Mais la plupart du temps, l'enfant est surtout victime de négligence : ses parents ne sont pas violents, mais ils ne s'en occupent pas. Ils n'assurent pas le minimum dont l'enfant a besoin. Ils le nourrissent, le gardent propre… et le mettent dans un coin. On s'en doute, la preuve devient très délicate à valider. « Pour éviter que l'enfant soit trimballé d'une famille à l'autre, quand le milieu naturel est particulièrement à risques (problèmes trop importants ou solution trop longue à mettre en place), on place l'enfant directement en banque mixte », explique Denis Dupuis.

Quand un enfant négligé est placé dans une famille en banque mixte, les parents adoptifs ne peuvent jamais être certains qu'ils pourront en avoir la garde définitive. Sauf au Canada, dans les provinces de l'Ontario et de la Colombie-Britannique, où la justice estime qu'après trois années passées dans une famille d'adoption sans qu'il soit prouvé que le milieu naturel de l'enfant a changé, celui-ci devient automatiquement adoptable. Et ce statut est essentiel: sans adoption, la famille d'accueil doit se référer systématiquement à la famille biologique pour, entre autres choses, tout acte médical – vaccins, opérations, prise de sang, etc. – et toute sortie de territoire (pas question d'emmener le petit à Disneyland sans autorisation parentale préalable).

Dans ces conditions, les inscriptions en banque mixte se font rares. Les couples ont peur que l'enfant leur soit repris à moyen terme. Ils craignent les séquelles psychologiques. «Plus le passé des petits est lourd, plus il est difficile de leur trouver une famille d'accueil», déplore Denis Dupuis. «Plus jeune est l'enfant, moins il y a de déception; plus il est vieux, plus il faut composer avec l'enfant... et avec son bagage», complète Louise Noël. François et Martine avaient déjà un garçon. Des problèmes de fertilité les condamnant à ne pas lui faire de frère ou de sœur, les parents se sont tournés vers l'adoption. Le coût très élevé relié à l'adoption de la petite Chinoise de leurs rêves les a conduits récemment à accueillir deux sœurs québécoises de quatre et six ans. Quelques semaines avant que les fillettes lui soient amenées, le couple était fébrile; il n'avait aucune idée de l'état psychologique des petites et craignait le pire. Finalement, elles sont arrivées; mignonnes, pimpantes, ravies d'avoir enfin un endroit où se poser avec des adultes aimants et compréhensifs.

Les familles d'accueil craignent plus que tout les contacts avec les familles biologiques, les mères, principalement, puisque souvent, les pères ont disparu depuis longtemps. Louise Noël ajoute: «Parce qu'on leur signale que les parents biologiques ont des problèmes de comportement, les familles d'accueil ont l'impression que ce sont des monstres. Dès les premières rencontres, ils réalisent que ce sont surtout des individus perdus dans une profonde misère émotionnelle. »

« Si on fait son enfant, il sort de ses tripes, on le prend comme il vient avec ses défauts, ses maladies, ses vices de forme ! Dans le cas d'un enfant adopté, le lien d'attachement n'est pas le même. Il faut plus de générosité, plus d'ouverture d'esprit et moins de préjugés. Parce que c'est très facile de dire, quand l'enfant a six ans et qu'il développe des problèmes : "Ah ! on sait bien, sa mère était prostituée et son père a fait de la prison." Accuser les parents biologiques permet de ne pas remettre en question l'éducation que l'on donne à cet enfant adopté. Or, aujourd'hui, on sait que les habiletés sociales sont des acquis, ce ne sont pas des facultés innées. »

Si, au Québec, le programme de banque mixte fonctionne relativement bien, aux dires de ses partisans, la lenteur des interventions et l'absence de législation quant à la durée maximale de recours des parents biologiques causent une diminution des inscriptions de nouvelles familles d'accueil. « Et puis, parmi toutes les personnes qui interviennent dans un dossier d'adoption, nombreuses sont celles qui demeurent convaincues que le parent biologique reste le meilleur parent. Or, en donnant beaucoup de circonstances atténuantes à la mère biologique, en lui offrant toujours une nouvelle chance de s'en sortir, on maintient l'enfant et sa famille d'accueil entre deux chaises. Le temps accordé à la mère est autant de temps pris à l'enfant, s'insurge Louise Noël. Aujourd'hui, c'est prouvé, l'amour et le bonheur s'apprennent ; ce n'est pas inné ! »

Si adopter est une chose, choisir son enfant en est une autre. Et de plus en plus de couples désirent recevoir un enfant qui leur ressemble. Comme l'adoption locale – spontanée ou en banque mixte – leur paraît laborieuse et qu'elle n'offre aucune garantie de résultat, ils se tournent vers l'adoption privée, légale dans plusieurs provinces canadiennes et aux États-Unis, par exemple.

Le principe est simple : une femme enceinte sait qu'elle ne gardera pas son enfant, elle contacte une agence de placement qui lui présente un catalogue de couples en demande. Chacun s'y présente comme individu et comme parent potentiel. La mère choisit puis rencontre les adoptants. Si tout se passe bien, la mère adoptive participera à l'accouchement, voire coupera le cordon ombilical, puis entretiendra des rapports de bon voisinage avec la mère biologique, le cas échéant. Un peu comme si de rien n'était, un enfant se retrouve avec deux mamans : l'une qui s'en occupe, l'autre pas ; l'une qui partage son sang, l'autre pas. Troublant, non ?

Il existe aussi des « Foires aux enfants ». Ça ne s'invente pas. Des dizaines de couples désirant adopter participent à une soirée de présentation d'enfants adoptables. Comme pour des plats Tupperware, chaque bambin apparaît sur une photo géante, accompagnée d'un résumé de ses antécédents : « Andrew, qui a une maman cocaïnomane ; Sandra, qui a une trisomie 21 ; Vera, qui pesait 4 kilos à la naissance », etc.

« Nous, nous voulons un enfant blond, aux yeux bleus, sans maladie, sans mère droguée, sans gènes déficients », gémissent les couples requérants. « Moi, je veux de bons parents pour mon enfant », réplique la mère porteuse. Et tout paraît normal. Quand ils n'obtiennent pas satisfaction, ou quand les délais d'attente sont trop longs – bien des adultes oublient qu'il faut au moins neuf mois pour mettre un enfant au monde ! –, plusieurs clients se tournent vers le pays de l'oncle Sam. Certains peuvent débourser jusqu'à 50 000 $ pour obtenir leur bébé rose digne des publicités pour le savon Cadum ou Ivory Neige. Et dans ce lucratif marché sentimental, seules les mères porteuses – trop inconscientes pour avoir eu des rapports protégés, trop puritaines pour se faire avorter, trop insouciantes pour garder leur bébé – ne touchent rien en passant par la case départ. Quel jeu de dupes ! À quand les commandes ? « Je veux un garçon de 3,5 kg, bouclé, blond, qui aime le bleu et les croisières en paquebot, avec un QI de 175 et un talent pour le macramé. – Bien, Madame. Revenez dans neuf mois. »

À l'inverse, il existe des couples incroyables. Des couples dont la générosité frise l'engagement missionnaire. Parmi les plus connus, ici, au Québec, vit Mme Louise Brissette qui, après avoir eu un fils, a adopté, depuis 1978, 26 enfants atteints de différentes déficiences allant de la trisomie 21 au spina-bifida. Tout son village la soutient. Parfois, elle trouve des chèques de 5000 $ (3500 euros) dans sa boîte aux lettres. Elle reçoit de l'aide bénévole, de la nourriture, des meubles, et ce sont ses voisins qui ont financé le gymnase qu'elle a fait construire pour ses protégés. Elle parcourt son jardin en patins à roulettes malgré sa soixantaine d'années et nourrit tout son petit monde jour après jour. Elle trouve même le temps d'assumer ses fonctions de directrice générale de la corporation Les Enfants d'Amour.

Aux États-Unis, certaines familles ne font pas dans la dentelle. Quand elles adoptent, elles adoptent en grand ! Ainsi, les Kayes qui récitent leur liste familiale comme d'autres énuméreraient l'annuaire : Lisa, arrivée de la Corée en 1977 à deux ans ; Katie, arrivée de la Corée en 1979 à deux ans ; Michael, arrivé de la Corée en 1980 à six mois ; Matthew, arrivé de la Corée en 1981 à deux ans ; Mark, arrivé de Hong-Kong en 1983 à quatre ans ; Matthew, arrivé de la Corée en 1984 à deux ans et demi ; Kira, arrivée de Hong-Kong en 1987 à sept ans ; LeeAnn, arrivée de l'Inde en 1989 à six ans ; Kristen, arrivée de l'Inde en 1992 à treize ans et demi et Josh venu de la Corée à sept ans cette même année. Et finalement, Sarah, envoyée par l'orphelinat des sœurs de la charité de mère Teresa en 1995 à onze ans. Après avoir fait les manchettes des journaux locaux et la joie des médecins de l'hôpital régional, les Kayes ont vu grandir tous leurs enfants sans trop comprendre ce qui leur arrivait. Mais ils ne sont pas les seuls. Mary-Jo Jackson a adopté 12 enfants après en avoir porté 7 elle-même. Et les personnalités célèbres ne sont pas en reste, telle Mia Farrow qui compte 10 enfants adoptés dans différents pays du Tiers-Monde parmi les 14 qu'elle a élevés. Dans un sondage effectué par le magazine américain

Joyfull Noise consacré aux familles nombreuses, 55 des 400 familles contactées avaient plus de 9 enfants et seules 3 d'entre elles n'avaient jamais adopté.

À la demande des plus âgés ne comprenant pas pourquoi leurs parents s'obstinaient à adopter encore et encore, le père Kayes a répondu : « Parce que nous avons déjà toutes les boîtes de Lego existantes ! » La mère a ajouté : « Eh bien, maintenant que les grands quittent la maison, nous devons remplir à nouveau l'espace ! » La plupart du temps, un couple a des enfants, s'en occupe, puis les enfants entrent à l'école et les parents retrouvent des activités d'adultes : ils se réinvestissent pleinement dans un emploi ou des loisirs. En ajoutant sans arrêt un nouvel enfant à leur tribu, certains couples semblent véritablement refuser de vieillir et se maintiennent en permanence dans l'état d'esprit de leur vingtaine. Or, ce qui n'est biologiquement pas imaginable le devient dès qu'il s'agit d'adoption, puisqu'un couple quinquagénaire peut adopter sans se poser de questions d'âge.

« Dans les années 1960, on a même vu une véritable surenchère d'adoption. Si mon voisin en a eu 8, moi j'en aurai 12 ! » raconte, dans le *New York Times Magazine,* Barbara Holtan, directrice de l'agence d'adoption Tressler Lutheran Services. « On a même vu des collectionneurs qui recensaient dans la plus grande hilarité les maladies de leurs petits. Nous refusions la réalité. Puis, on s'est rendu compte que chaque nouvelle arrivée n'était pas si facile que cela ni pour les parents, ni pour les enfants. »

Selon les thérapeutes spécialistes de la famille, quand un nouvel enfant intègre une famille, il provoque un déséquilibre au sein de l'unité collective ; chacun doit retrouver une place qu'il a à définir par ses propres moyens. « Chaque fois c'est pareil, raconte Mme Kayes, pendant six mois, les aînés s'amusent avec le cadet fraîchement arrivé, puis soudain, ils réalisent le paquet de problèmes qu'il génère, et tout se déglingue. » Certains parents se concentrent tellement sur le nouvel enfant – *a fortiori* s'il a vécu des histoires douloureuses – qu'ils en oublient les autres, les plus vieux qui, eux aussi, ont besoin de leurs parents. D'autres passent tant de temps à mettre la main sur l'enfant le plus déshérité de la planète qu'ils y consacrent toute leur énergie, délaissant du même coup leurs occupations et les autres membres de la famille.

Bien des couples s'arrêtent avant de sombrer dans l'excès ! En particulier, ceux qui adoptent leurs enfants à l'étranger. La raison économique s'impose rapidement en frein efficace et, à coups de 20 000 $ (environ 13 000 euros), la petite Chinoise reste souvent fille unique dans sa famille québécoise. Bien sûr, il n'y a pas qu'en Chine qu'on trouve des enfants en manque de parents. Mais au Québec, sur les quelque 900 petits qui ont trouvé une famille d'adoption, plus de 50 % arrivaient du pays du Milieu. « Aujourd'hui, c'est "in" d'adopter en Chine ! » s'amuse Michel Mignacco, le directeur de l'agence montréalaise Enfants du monde. « Et puis les couples savent qu'ils peuvent y partir l'esprit en paix : ils recevront un bébé en bonne santé relativement vite. »

La Chine a ouvert ses portes à l'adoption en 1988. Et le Québec a été le premier pays à puiser ses forces vives au cœur de l'empire. Aujourd'hui, ce sont près de 300 agences réparties dans une vingtaine de pays qui se partagent la manne. En effet, au pays de l'enfant unique – même si cette politique rigide tend à disparaître –, il est illégal d'abandonner son nouveau-né. Pourtant, c'est un secret de Polichinelle : à la campagne, les bras d'un petit garçon sont nettement plus appréciés. Dès lors, la naissance d'une fille conduit la mère à changer de village pour laisser, devant la porte du commissariat de police local, un berceau vagissant.

En 1995, deux reporters de la BBC sont allés enquêter sur les orphelinats chinois. Leur reportage a parcouru l'Occident épouvanté devant tant d'horreurs. Les enfants étaient littéralement abandonnés dans des lieux insalubres. «Ce documentaire sensationnaliste a eu un effet pervers», racontent Paule et Michel, heureux parents de trois petites Chinoises. «Avant, les couples allaient récupérer les bébés directement à l'orphelinat. C'est ce que nous avons fait en 1994, en allant chercher notre première fille. Le personnel s'est fait un honneur de nous faire visiter l'endroit: c'était propre et aucune porte ne nous était fermée. Peut-être que le ménage avait été fait pour l'arrivée de notre groupe, mais au moins il avait été fait une fois dans l'année! En matière d'orphelinat, le Québec n'a de leçons à donner à personne. Maintenant, en Chine, plus personne n'accède aux orphelinats. Ce qui laisse libre cours à toutes sortes de situations.»

Sylvain et Natacha sont partis en juin dernier chercher la petite Adèle. Comme tous les Québécois qui aimeraient accueillir un enfant du monde, ils ont franchi pas à pas toutes les étapes administratives en tâchant de garder le sourire malgré les retards multiples. D'abord une évaluation psychosociale déterminant le profil et les attentes des futurs parents, effectuée par les Centres jeunesse du Québec. Puis, le choix d'une agence accréditée par le Secrétariat à l'adoption internationale, en fonction du pays d'adoption sélectionné. Enfin, l'envoi d'un dossier détaillé en Chine, en Russie ou ailleurs. Plusieurs mois plus tard, le couple reçoit une proposition de jumelage. Un envoi administratif plus loin et une fois les fonds réunis, les parents partent chercher leur poupon au bout du monde.

«Les couples préfèrent souvent l'adoption internationale parce que l'enfant qu'ils accueilleront est adoptable immédiatement. Ils n'auront pas à négocier avec un réseau administratif ou des parents biologiques. Et puis il y a une sorte de pensée magique», continue Denis Dupuis, des Centres jeunesse de Montréal. «Les enfants du Québec leur semblent transporter un vécu douloureux, mais ceux qui viennent d'ailleurs sont idéaux; on ne voit pas ce qu'ils ont vécu, on ne sait pas. On ne veut pas savoir. Malheureusement, plusieurs ont des surprises médicales ou comportementales après leur retour.» « C'est chic d'aller à l'international, ajoute l'assistante sociale Louise Noël, c'est visible et souvent valorisé; les parents suscitent la curiosité, on leur pose des questions, on s'intéresse à eux; et puis pour certains, cela correspond à une envie d'aider le monde, de former une société des nations à domicile.»

D'ailleurs, même si les coûts d'une adoption internationale ont très peu augmenté durant les 10 dernières années, les couples s'attendent maintenant à en avoir pour leur argent. «Ils veulent un service cinq étoiles!» soulève Michel Mignacco. Sylvain et Natacha se sont rendus dans la petite ville de Nanchang, la capitale du Jiangxi, après près de 20 heures d'avion et quelques péripéties. Treize autres couples ont partagé leur euphorie, le décalage horaire et l'humidité locale.

De son ordinateur portatif, Sylvain envoie les détails de son périple sur la Toile. «Quand notre guide a hurlé nos noms, on s'est mis à courir comme des fous. Nous étions tellement énervés que je n'ai pas réussi à trouver la clé. Nous nous sommes habillés en catastrophe avant de chercher un couple qui puisse nous filmer et prendre quelques photos. Puis nous sommes allés dans la chambre du guide. Ça criait! Ça hurlait! La directrice de l'orphelinat était présente, accompagnée de quelques nounous et des enfants. Natacha m'a demandé où se trouvait Adèle… C'est avec beaucoup de fierté que je l'ai pointée du doigt. C'est elle! Elle a beaucoup changé depuis la dernière photo reçue trois mois auparavant.»

Michel Mignacco est lui aussi allé chercher deux fillettes en Chine. Son commentaire est aussi émouvant: «On arrive, on se regarde dans les yeux, et on sait que c'est notre enfant!» Même si Paule et Michel auraient préféré ne pas recevoir de photos: «Celle de Maude était de mauvaise qualité, photocopiée et envoyée par fax… autant dire qu'on ne voyait guère plus que sur une échographie.» Michel, qui a déjà coupé le cordon ombilical de son fils aîné, évoque facilement le torrent d'émotions:

«Que tu reçoives ton enfant des mains des Chinois ou des mains du médecin qui a accouché ta femme, tu vis les mêmes sensations : c'est ton enfant, tout de suite, sans hésitation.»

C'est beau, mais… c'est cher, c'est long, et ça ne tourne pas toujours aussi bien. Quand Paule et Michel sont allés chercher Clémence, elle avait deux ans et demi, ne connaissait que la position assise, ne disait pas un mot et n'avait aucun réflexe de préhension. En deux semaines, alors qu'ils n'avaient pas encore quitté le territoire, l'enfant courait dans les couloirs de l'hôtel. Par contre, plusieurs couples rencontrés lors des trois voyages qu'ils ont effectués ont eu moins de chance et ont finalement découvert des traumatismes sévères chez les fillettes qu'ils avaient adoptées.

En mars 2002, le cas de deux Québécoises défraie la chronique : plus d'un an après la date officielle de leur accueil, les deux petites Indiennes qu'elles avaient adoptées n'avaient toujours pas quitté leur village natal. Autre cauchemar, quelques mois auparavant, pour un couple qui, malgré le paiement des frais inhérents, n'avait pas le droit de quitter le territoire vietnamien avec le petit garçon qu'il venait d'adopter.

Mettre sur pied une agence d'adoption n'est pas une mince affaire : on gère des émotions vives – des couples qui n'en peuvent plus d'attendre –, des réalités sociales et politiques – le spectre du trafic illégal plane sur plusieurs pays – et des gros sous – Médecins du monde a suggéré un prix plafond de 5000 $ américains pour l'adoption en Roumanie qui, en 2000, pouvait friser impunément le double. La prudence est donc de mise. Toutefois, l'agence demeure le seul moyen à la disposition de parents prêts à tout pour obtenir l'enfant de leurs rêves. Paule et Michel, tout comme Sylvain et Natacha, ne voulaient pas s'engager dans une clinique de fertilité. Mme Charest, elle, se trouvait bien seule à l'aube de la ménopause. Comme plusieurs femmes de sa génération, elle n'a pas eu d'enfants par manque de conjoint ; elle a choisi d'adopter à 50 ans. En six ans, elle est allée chercher quatre fillettes en Haïti.

Tous les pays n'acceptent pas l'adoption par des célibataires, pourtant en hausse. Et aucun ne reconnaît un droit aux homosexuels. Dans le code civil québécois, il est écrit qu'une personne peut, seule ou conjointement, adopter un enfant. L'adoption crée un lien de filiation : la personne devient parent. Or, toujours dans le code civil, les parents sont un homme et une femme. « En ce qui nous concerne, relate Denis Dupuis, on s'engage à poser la question sur l'orientation sexuelle, on entend la réponse mais si on nous ment, tant pis. »

Mais dans les prochaines années, le profil de l'adoption risque d'évoluer sérieusement. Ainsi, aux États-Unis, premier pays d'accueil pour les petites orphelines chinoises, l'administration Bush a alloué près de 10 millions de dollars pour élaborer des programmes d'adoption à la naissance afin de venir en aide aux mères vivant des grossesses imprévues. Parallèlement, une Canadienne de Toronto tente de mettre sur pied un programme d'adoption… d'embryons. Des heures de débat d'éthique en perspective !

CHAPITRE VI

LES ENFANTS HORS D'ÂGE

Jusqu'à récemment, une femme de 40 ans se préparait à la ménopause et s'attendait à devenir grand-mère dans les plus brefs délais. Aujourd'hui, une quadragénaire est une femme accomplie, en pleine force de l'âge, qui aimerait ajouter au tableau de ses réussites le délicieux sourire d'un nouveau-né. Elle arbore son ventre proéminent, puis sa poussette dernier cri comme autant de trophées remportés sur le temps. Rien ne sera trop beau pour cet enfant chéri. Et ne nous le cachons pas, vivre avec un ado en abordant la retraite, ça tient en forme, les mères de famille nombreuse en savent quelque chose !

« Une chose est certaine, si nous avons un enfant maintenant, nous ne pourrons pas lui reprocher de nous avoir volé notre jeunesse ! » Michel a plus de 40 ans et sa compagne Eva frise dangereusement la quarantaine. Comme de plus en plus de couples dans leur cas, les concubins commencent tout juste à penser à la procréation avec la joyeuse assurance des adultes en plein contrôle de leur vie.

« J'aurais été incapable d'avoir des enfants plus jeune, m'explique Anne. Je ne savais pas ce que j'attendais de la vie et mon avenir se déclinait au gré d'aventures surréalistes avec des amants divinement beaux. » Anne est une belle brune ; elle est médecin. Depuis qu'elle a quitté les bancs de l'université, elle s'est impliquée socialement auprès de différents organismes communautaires. Elle a aussi participé à plusieurs missions d'urgence de Médecins sans frontières. Pendant bien longtemps, le quotidien de cette jeune médecin a été celui de beaucoup de ses collègues : boulot, boulot, boulot !

« J'ai toujours profondément aimé mon travail, et mes histoires amoureuses étaient trop tumultueuses pour que je pense à avoir des enfants. » En une phrase, Anne résume parfaitement le cheminement d'un nombre croissant de femmes. Depuis qu'elles ont accès à des carrières fécondes et à la contraception, les femmes repoussent de plus en plus tard l'échéance de la maternité : elles lui préfèrent la valorisation et l'épanouissement professionnels, l'indépendance économique, les loisirs individuels, les plaisirs de célibataires. Et pourquoi pas ?

Puis, sonne la quarantaine. Avec son lot de perturbations métaboliques, cette période réveille les hormones maternantes assouvies par une autosatisfaction assidue. Et qui sont ces femmes qui aujourd'hui veulent être mères à 40 ans ? Elles ont déjà vécu en couple ; elles sont déjà mères d'adolescents, mais elles viennent de rencontrer l'homme de leur vie et elles désirent avoir un petit dernier avec lui ; elles se sont longtemps crues infertiles mais un accident de préservatifs vient de leur prouver le contraire ; elles ont été élevées par les premières mères divorcées qu'elles ont vu endurer les affres de la dépendance affective et économique. Elles ont été élevées par des mères engagées, militantes – avec ou sans poing levé – d'une équité loin d'être acquise. Elles sont entrées en force dans les écoles ; elles ont gravi les échelons du pouvoir. Du monde des affaires à la politique, de l'artistique au social, rien ne leur a échappé. Mais pour parvenir à leurs fins, pour se mettre aux côtés des hommes, elles n'ont pas eu beaucoup de choix. Si un homme reste au travail jusqu'à 22 h 00 pour terminer un dossier, une femme qui s'attend à occuper le même poste doit rester disponible aux mêmes horaires. Si un représentant parcourt le monde en quête de clients, une représentante quittera sa maison dans les mêmes conditions. Tandis que certains hommes disposent de conjointes pour élever des enfants, peu de femmes peuvent se reposer sur un partenaire au foyer. Or, si un homme n'est pas nécessairement jugé parce qu'il n'a pas de famille, aujourd'hui encore, dans l'imaginaire collectif, une femme n'est qu'à moitié femme si elle n'est pas mère en plus.

Et quoi? Quand on a travaillé si fort pour grimper les échelons – parce qu'une femme, pour être l'égale de l'homme, doit fournir deux fois plus de preuves! –, il est bien légitime d'avoir envie d'en profiter. Quand on passe l'essentiel de son temps dans une entreprise productive ou créative, on évacue stress et fatigue dans des soirées, des week-ends ou des vacances légères. Les statistiques parlent d'elles-mêmes: aux États-Unis, 42% des femmes cadres dans des entreprises de plus de 5000 employés n'ont pas d'enfants au moment où elles célèbrent leur 40e anniversaire. Et ce sont pratiquement 50% des femmes qui gagnent plus de 100 000 $ américains ou euros par an qui vivent la même situation. Une Française sur six avouait en 2001 qu'elle privilégiait sa carrière plutôt que la famille.

Résumons. La petite fille apprend que pour être valorisée pour ce qu'elle est, elle doit sortir des rangs et trouver un métier qui lui plaise. La jeune femme rejette maison et poupons en vrac et se lance dans la folle histoire de sa profession. Elle gagne de l'argent. Elle devient indépendante. Célibataire ou en couple, elle va investir dans une résidence, dans une voiture. Ah! mais oui, c'est vrai, finit-elle souvent par se dire: il me manque quelque chose. Tiens, et si je faisais un bébé! Et c'est ainsi que sont nées les *superwomen*. En France, on les appellerait en coulisse des «célibattantes»!

Jill a rempli sa vie de toutes les activités qu'elle était en mesure de pratiquer. Créatrice et professionnelle avertie, elle a parcouru le monde en quête d'ailleurs et d'absolu; elle et son mari ont mûri ensemble.

Complices avant tout, ils ont croqué la vie à pleines dents avant de s'arrêter, d'un commun accord : « Nous voulons des enfants. » Si l'âge les a empêchés d'en avoir plusieurs, Jill s'est occupée pleinement de sa fille unique avec l'enthousiasme et la ferveur qu'elle déployait avant pour son travail. « Je crois que les gens oublient de faire des choix, explique de concert le couple aujourd'hui quinquagénaire. Nous avons pleinement vécu notre vie d'adultes ; au moment où nous avons été prêts à être des parents, nous le sommes devenus. Mais nous n'avons pas cherché à mélanger les deux. On ne peut pas être en même temps un parent parfait et un professionnel parfait. Il y a un temps pour tout. Le mythe de la *wonder woman* est un leurre ! »

Quand on interroge les parents sur la question des changements les plus perturbateurs qui sont intervenus après la naissance de leur premier bébé, 40 % d'entre eux évoquent la vie sociale. Après deux décennies durant lesquelles les *baby-boomers* américains n'ont officiellement juré que par leur foi en la famille, l'auteur Naomi Wolf, qui préfère le vitriol à l'eau de rose, avec son livre *Misconceptions : Truth, Lies and Unexpected on the Journey to Motherhood*, est venue jeter un froid sur l'image idyllique du trio femme-homme-enfant à l'automne 2001. Loin de l'image bucolique qui plaît tant aux foules, Mme Wolf, citée dans le *New York Times* quelques mois après la publication de son pamphlet, a précédé un courant qui commence à se faire entendre et qui rappelle combien la maternité est loin d'être la sinécure pastorale qu'on veut bien colporter. Et de rappeler que les mères ne reçoivent que très peu de soutien en général, qu'elles se sentent souvent très isolées quand leurs journées sont remplies de gazouillis et que, pour la plupart, elles ont l'impression de perdre leur identité dans ce maternage quotidien. Perdues dans ces sentiments contradictoires, les femmes veulent savoir si elles sont les seules à se sentir dépassées, fatiguées et exaspérées. On est loin de l'instinct qui crée jusqu'à l'infini, et plus loin encore, un lien irréversible entre la mère et son enfant !

Ainsi, Véronique, qui ne supporte pas d'aller au parc; Valérie, qui se sent parfaitement incapable de ressentir un amour inconditionnel pour sa fille; Rachel, qui a détesté allaiter et détesté encore plus voir son couple happé par une relation qu'elle qualifie de féodale; Martha, qui se souvient avec amertume de son inaptitude à vivre avec la crise d'adolescence de son aînée. Pour Michelle, qui a 26 ans et pas encore d'enfant, c'est important d'entendre parler de ce revers de la médaille : « On parle beaucoup de ceux qui regrettent de ne pas avoir d'enfants, on ne parle jamais de ceux qui regrettent d'en avoir eu ! » Pendant longtemps, exprimer une ambivalence sur la maternité provoquait des réactions d'une violence inouïe. L'auteur américaine Peggy Orenstein, citée dans le *New York Times* en mai 2002, a constaté en interviewant plus de 200 femmes pour la rédaction de son livre, *Flux: Women on Sex, Work, Love, Kids and Life in a Half-Changed World,* combien celles-ci étaient capables d'autocensurer l'ambiguïté de leurs sentiments. Dès que les confessions s'attardaient au plaisir de la vie avant les naissances, immédiatement les mères ajoutaient qu'elles adoraient leurs enfants. C'était pratiquement impossible pour ces femmes de reconnaître que la maternité ne les comblait pas.

« Moi qui ai tellement aimé mon travail, je n'en reviens pas encore d'apprécier autant d'être à la maison à regarder grandir mon petit. » Anne s'est offert deux ans de congé d'éducation parentale. Un congé de maternité prolongé ! Comme médecin, elle travaille essentiellement avec les bébés. Pendant ses consultations, elle les touche, elle les manipule, elle entretient un contact tactile permanent avec ses petits patients. Cette proximité l'a assurément aidée à différer l'envie d'avoir son propre enfant. Mais ce sont les effets de 10 ans de thérapie qui l'ont surtout autorisée à s'accepter telle qu'elle était. « Ce travail sur moi m'a permis de me connaître et de découvrir qui, derrière l'image, j'étais véritablement. Cette démarche m'a aidée à rencontrer un homme bien avec qui j'ai enfin eu envie d'avoir un enfant. Et surtout, ce cheminement m'a donné la possibilité d'avoir un enfant sans que cela suscite la frustration de ne pas travailler; je sais aujourd'hui que je peux m'épanouir autrement que par l'accomplissement professionnel.»

Quand j'ai rencontré Anne, elle était, à 41 ans, enceinte de son deuxième petit à peine deux ans après la naissance du premier. Enthousiaste, rayonnante et passablement en forme, elle savait pertinemment que ce deuxième bébé serait son dernier. Partout en Occident, les femmes retardent l'échéance de la procréation et trop souvent, elles ne savent pas à quel point elles jouent avec leur santé dans ce contre-la-montre ambitieux. Bien sûr, nous avons tous entendu parler de ce médecin italien qui fertilise des sexagénaires; sur Internet, un de ses collègues domicilié à Toronto, au Canada, garantit un enfant à toute femme prête à débourser 50 000 $ (frais d'avion et d'hôtel compris), quel que soit son âge. Aujourd'hui, une Américaine sur cinq n'a toujours pas d'enfant à 45 ans. La moyenne d'âge pour une première naissance est passée à 28 ans au Canada. En France, entre 1978 et 1998, le nombre de naissances chez les mères de plus de 40 ans a doublé.

Mais plus on vieillit, plus les chances d'avoir un bébé s'amenuisent, d'expliquer le Dr David Dunson du National Institute of Environmental Science de New York, cité dans le site Cybersciences.com en mai 2002 et auteur d'une étude coréalisée avec le département de statistiques de Padoue, en Italie, étude portant sur la corrélation entre l'âge des femmes et leur fréquence d'ovulation. Dunson constate aussi que la probabilité de tomber enceinte par cycle régresse dès l'âge de 26 ans, le fonctionnement des ovaires qui sécrètent les hormones nécessaires à l'ovulation étant plus désordonné à partir de ce moment-là. Même suivies de très près, les grossesses tardives comportent souvent des risques mais, en plus, il n'est pas évident que la vie avec un ado soit une option simple quand on approche de la retraite! Et certains médecins refusent de suivre des patientes ayant dépassé un certain âge, éthique personnelle oblige.

Les hommes ne sont pas soumis aux mêmes réalités, et on ne compte plus les célébrités qui vivent un retour d'âge en changeant les couches de leur petit dernier: Mick Jagger, Michael Douglas et même feu le président François Mitterrand ont eu un bébé à 56 ans. Yves Montand était déjà septuagénaire quand son fils est né. Le comédien Anthony Quinn, Ernest Hemingway et l'écrivain canadien Saul Bellow sont devenus pères à plus de 80 ans. Ils n'ont pas longtemps vu leurs enfants grandir! Quant aux petits, ils n'ont pas toujours bien vécu la perte rapide de cet être cher. Charly, quant à lui, s'est retrouvé père et grand-père presque simultanément: et s'il appréhende, la soixantaine entamée, la crise d'adolescence de sa cadette de 14 ans, il se fie à sa petite-fille de 12 ans pour lui donner des conseils.

Pour les obstétriciens, la grossesse peut s'apparenter, quel que soit l'âge de la mère, à une épreuve sportive de niveau élevé: le débit cardiaque augmente de 40%, la ventilation pulmonaire de 60% et la filtration rénale de 30%. Selon le Dr Alice Benjamin, directrice du département d'obstétrique de l'hôpital Royal-Victoria de Montréal, l'adaptabilité du corps à la grossesse est moins grande autour de 40 ans et la fécondabilité devient presque nulle après 45 ans. Non seulement la grossesse est éprouvante, non seulement les complications à l'accouchement augmentent la mortalité maternelle, mais la récupération post-partum s'effectue souvent bien lentement. Le corps accuse une fatigue bien supérieure à celle qu'entraînent de simples nuits sans sommeil, et les hanches s'alourdissent: une fois passé à son mode ralenti, le métabolisme freine les effets bénéfiques de l'entraînement physique et des régimes.

Le diabète, l'hypertension, l'obésité augmentent avec l'âge: les incidences de ces problèmes sur un fœtus peuvent être fatales. L'utérus, moins bien irrigué, est plus fréquemment porteur de lésions. Ainsi, les risques d'endométriose (une maladie bénigne qui conduit à l'infertilité) et de fibromes sont plus fréquents. Les grossesses pathologiques entraînent un taux trois fois plus élevé d'accouchements par césarienne (qui représentent environ 30 % des accouchements chez les plus de 40 ans, pour 10 % dans la population en général). Le port prolongé d'un stérilet a pu causer des salpingites et l'utilisation à long terme de la pilule anticonceptionnelle a éventuellement caché un problème latent d'ovulation. Les MTS (maladies transmises sexuellement) augmentent le risque de stérilité de 7,5 %. Sans compter la hausse du nombre de fausses couches avant la sixième semaine de grossesse. Après 40 ans, un tiers des grossesses s'interrompent spontanément en raison d'anomalies chromosomiques majeures, d'expliquer le Pr Darbois, chef du service de gynécologie-obstétrique à l'hôpital Pitié-Salpêtrière de Paris, cité par Élodie Bousseau dans un dossier sur la maternité à 40 ans. Après 45 ans, c'est plus de la moitié des grossesses qui se terminent en fausse couche pour cette raison.

Le Pr Darbois ne mâche pas ses mots : « Autour de 40 ans, si une femme veut avoir un enfant, il faut avant tout éviter de perdre du temps. » Mais, qu'on se le dise, tandis qu'en moyenne, il faut 3 mois à une femme de 20 ans pour être enceinte, la quadragénaire devra attendre environ 12 mois et a 2 fois plus de risques de ne pas y parvenir que sa cadette dans la vingtaine. Bien que plus susceptibles d'avoir des grossesses à risques, les parturientes quadragénaires bénéficient pourtant paradoxalement de leur âge. Quand, à 40 ans, une femme décide d'avoir un enfant, elle le fait en pleine connaissance de cause et en plein contrôle de ses moyens. Elle ne considérera pas comme un effort au-dessus de ses forces de manger sainement, d'arrêter de boire de l'alcool ou de fumer, de faire du sport et de se maintenir en bonne forme physique. Si tout se passe bien, ce sera pour elle « un coup de rajeunissement », ajoute le Pr Darbois avec un sourire.

Au-delà des réalités physiologiques et psychologiques des grossesses tardives, avoir un premier enfant autour de 40 ans invite à une réflexion d'ordre social. La plupart du temps, explique dans le *Time Magazine* d'avril 2002 l'économiste Sylvia Ann Hewlett, auteur du livre *Creating a Life : Professional Women and the Quest for Children*, les femmes savent que leur fertilité décline avec l'âge mais elles ne savent pas à quel point, ni à quelle vitesse. Selon le corps médical, une femme de 42 ans a moins de 10 % de chances de tomber enceinte en fécondant ses propres œufs. En général, moins de la moitié des femmes le savent !

Et les médias de rapporter ces contes miraculeux contemporains sur telle ou telle femme qui a donné la vie après 45 ans. Peu de ces mêmes journalistes vont insister sur les difficultés des fécondations assistées et encore moins sur les milliers de dollars dépensés à cette fin. Présidente de l'Organisation nationale pour les femmes, l'Américaine Kim Gandy résume dans le *Time Magazine* d'avril 2002 le paradoxe actuel en ces termes : « On ne peut pas faire comme si on maîtrisait tous les ingrédients nécessaires pour avoir un enfant ; on ne peut pas sortir du chapeau d'un magicien l'homme avec qui on aura envie de procréer, les stabilités économiques et affectives qui procureront le meilleur équilibre au bébé. La société réclame des femmes qu'elles se dépêchent de mettre des enfants au monde. Mais trop insister quand tous les éléments ne sont pas réunis dessert tant les femmes que leurs futurs petits. » À 40 ans, on pèse le pour et le contre avant de s'engager dans la maternité.

Surtout, avec les difficultés inhérentes aux grossesses tardives, tout le monde a tendance à pointer du doigt les femmes en suggérant que seul un égoïsme carriériste les incite à repousser les frontières de leur fertilité. Le message subliminal étant : Mesdames, pour ne pas jouer avec votre santé, ne soyez pas trop scolarisées, n'ayez pas trop de succès, ne soyez pas trop ambitieuses ; et tant qu'on y est, restez donc à la maison, ça vous donnera l'occasion de faire des enfants ! Pas du tout, de répondre la psychologue new-yorkaise Allison Rosen, citée dans

Time Magazine d'avril 2002 : « La liberté de reproduction ne repose pas uniquement sur la capacité des femmes à contrôler leur contraception ; ce serait plutôt la possibilité d'avoir un enfant quand elles le veulent. » Si leur corps n'est plus fertile, elles perdent *de facto* leur liberté de choix.

Mais, jusqu'à preuve du contraire, il faut être deux pour faire un enfant. Or, plus une femme réussit sa carrière, moins elle a de chances de trouver un mari. Les hommes, eux, s'ils ne sont pas soumis au diktat du corps, sont parfaitement dépendants d'une société qui les invite parallèlement à fonder une famille et à être un père accompli tout en plongeant à 300 % dans leur carrière. Le dilemme est simple à comprendre : si une femme a ses enfants assez jeune, sans avoir eu le temps de construire une carrière ou de consolider un compte bancaire, son compagnon va devenir le seul pourvoyeur de la famille. Il va donc s'impliquer davantage dans son travail ; il sera plus souvent absent du domicile, passera des heures, des semaines et des mois à plancher comme un fou, et ne s'occupera pas de sa famille. Le temps qu'il réalise son échec domestique, sa conjointe aura déjà demandé le divorce.

Les femmes ont toujours su intuitivement qu'avoir des enfants impliquait un sacrifice de temps, de valorisation et de vie sexuelle. Les femmes d'aujourd'hui savent qu'au nom de leurs bébés, elles sacrifient maintenant leur carrière, leur salaire et leur statut social. Les couples aussi battent de l'aile dès que l'enfant paraît. Alors que les femmes ont jusqu'alors été traitées d'égal à égal, elles retournent aux rapports de couples ancestraux dès qu'elles deviennent mères.

Pourtant, pourtant… malgré tout, vivre une grossesse tardive, avoir son enfant passé la date prescrite semble être le moyen que bien des femmes ont choisi pour s'accomplir comme personnes et comme mères, trouvant dans cette option alternative un équilibre qu'elles n'avaient souvent pas imaginé. D'ailleurs, la plupart d'entre elles retourneront au travail avant que leur progéniture n'atteigne sa majorité. Martha M.

Bullen, citée dans l'article «Admitting to Mixed Feelings About Motherhood» publié dans le *New York Times* en mai 2002, n'a jamais regretté d'avoir fait une parenthèse dans sa carrière pour élever ses enfants. «Je n'ai rien sacrifié», rappelle-t-elle dans son livre *Staying Home : From Full-Time Professional to Full-Time Parent*. «Quant aux corvées? Trouvez-moi un seul boulot qui soit parfait et qui ne compte pas son lot de corvées!» Et si les féministes des années 1970 s'étaient trompées en dévaluant systématiquement la maternité?

Alors qu'un nombre grandissant de femmes occidentales ont compris qu'avoir leurs enfants sur le tard est un moindre mal qui leur permet de conjuguer épanouissement personnel et maternel, une pléiade de jeunes filles trouvent encore dans la maternité le moyen d'affirmer leur personnalité et leur féminité. Ainsi, selon le département de la Population des Nations unies, en 1995, sur 1000 naissances survenues au Japon, seuls 4 bébés avaient des mères de 15 à 18 ans ; en France, c'est 9 nouveau-nés sur 1000. En moyenne, 15 adolescentes européennes sur 1000 ont conduit une grossesse à terme. Mais ce sont plus de 60 adolescentes américaines sur 1000 qui ont donné le jour à un petit cette année-là. Et en moyenne, le taux de fécondité des Maliennes ou des Nigériennes de 15 à 18 ans reste supérieur à 200 pour 1000 femmes.

Isabelle a eu sa première fille à 19 ans. Puis, elle a eu un fils à 35 ans, avec un père différent. «À 20 ans, je ne pensais pas au lendemain ; je voyais l'arrivée d'un enfant comme un grand bonheur. Les maladies, les responsabilités, les difficultés du quotidien ne m'effleuraient même pas. Près de 20 ans plus tard, les choses ont complètement changé pour moi. Je vis toujours dans une grande précarité mais... je le sais ! Je me pose des milliers de questions sur moi, mon avenir et mon bébé. J'ai une conscience de la vie que je n'avais pas quand j'étais plus jeune.»

Selon l'Association Mondiale des Guides et des Éclaireuses, 17 millions d'adolescentes deviennent enceintes chaque année. De deux à quatre millions ont recours à l'avortement. Mais près de 60 000 jeunes filles meurent de cette grossesse précoce. Surtout, pour la plupart d'entre elles, être enceinte met un terme à la scolarité et entrave largement leur développement social. Au Canada, alors qu'entre 1975 et 1987, le nombre de grossesses chez les adolescentes déclinait considérablement, il s'est de nouveau accru au début des années 1990. Toutefois en 1998, sur 75 674 naissances survenues au Québec, 981 provenaient d'adolescentes de moins de 18 ans (1,3%) et 2625 de jeunes femmes de 18 et 19 ans (3,5%). Au registre des proportions, cette même année, 13% des bébés avaient des mères de 35 ans et plus. En 1990, on a rapporté 239 nouveau-nés de Canadiennes de moins de 15 ans.

En Occident, les clichés que véhiculent ces grossesses précoces laissent croire que les jeunes femmes concernées vivent des problèmes familiaux, ont une puberté précoce, ont été victimes d'abus, consomment drogues et alcool, vivent dans la rue ou encore que leurs mères ou leurs sœurs ont elles-mêmes été enceintes durant leur adolescence. Bien sûr, ces jeunes fréquentent peu l'école et manquent largement de motivation en général. Dans le reste du monde, la réalité est différente. Comme on pouvait le lire dans le Programme d'information sur les populations présenté par l'école Johns Hopkins de Santé publique, à Baltimore, en 1997, plus de 10 millions de femmes de moins de 20 ans accouchent chaque année – plus d'un million aux États-Unis! –, ce qui représente environ 1/5 des naissances. Mais sur ce nombre, très peu de femmes désiraient accéder si jeunes à la maternité: 76% des adolescentes de la Jamaïque se repentent amèrement de leur première grossesse.

La plupart du temps, ce sont les mariages précoces qui précipitent les grossesses hâtives. Parfois, le mariage survient parce que la jeune femme est enceinte. Une chose est sûre, quand on leur pose la question, 35% des mères chiliennes de moins de 20 ans estiment que leur premier bébé était un accident. Ce chiffre tombe à 34% pour les jeunes femmes pakistanaises, à 24 % chez les Égyptiennes, à 14 % chez les Indiennes. Toutefois, si 47 % des jeunes mariées kenyanes regrettent la naissance précoce de leur premier bébé, ce sont 74 % des célibataires qui vivent le même sentiment. Une différence de taux qui se retrouve au Pérou, au Costa Rica ou au Brésil.

Dans les pays où, traditionnellement, les femmes se marient encore jeunes, le taux de fécondité des 15-18 ans reste élevé. Aussi, les adolescentes des régions rurales – moins scolarisées et plus susceptibles d'être mariées rapidement – continuent à avoir leurs premiers enfants avant 20 ans. Si l'on résume, tandis que les jeunes Asiatiques commencent à sortir de l'engrenage de la grossesse précoce, les adolescentes d'Afrique subsaharienne restent parmi les plus défavorisées.

Afin de minimiser les risques psychologiques encourus par les adolescentes enceintes, le corps médical doit les dépister rapidement. Ce qui n'est pas une tâche facile : souvent, ces jeunes femmes sortent des circuits de contrôle traditionnels ; la plupart du temps, elles ne savent pas qu'elles sont enceintes, les irrégularités menstruelles étant chose courante à l'adolescence.

Selon un rapport émis par la Société canadienne de pédiatrie en février 2002, il est donc primordial que le médecin qui pose un diagnostic de grossesse analyse soigneusement la situation et conseille judicieusement l'adolescente sur les choix qui lui sont proposés. Ainsi, il doit la protéger contre toute décision forcée et l'aider à construire un réseau de soutien. Toutefois, le spectre des solutions est mince : soit l'adolescente interrompt sa grossesse, soit elle décide de la poursuivre. Dans tous les pays développés où la contraception efficace est accessible et l'éducation sexuelle est diffusée par des moyens appropriés, le taux d'interruptions volontaires de grossesses (IVG) diminue. Ainsi, le plus bas taux d'IVG (soit le rapport entre le nombre de femmes qui mettent volontairement un terme à leur grossesse et le nombre global de grossesses menées à terme) se constate aux Pays-Bas

(0,42 %, contre 4,57 % aux États-Unis). Mais sur les 50 millions d'avortements pratiqués chaque année dans le monde, seuls 10 % concernent les moins de 19 ans. Au Moyen Âge, les adolescentes enceintes étaient monnaie courante. Et la Juliette de Shakespeare n'avait que 14 ans quand elle a épousé son Roméo ! C'est au XIXe siècle que la réprobation sociale a véritablement entaché les grossesses précoces, au point où les jeunes femmes enceintes préféraient souvent abandonner leur petit plutôt que de subir l'opprobre de leur entourage.

Dans la plupart des sociétés traditionnelles, la grossesse apparaît pratiquement comme un rite de passage consacrant l'épanouissement de la fillette devenue femme. Aujourd'hui, avec une scolarisation massive, l'adolescence est devenue une étape incontournable. L'accès aux moyens de contraception (même si 60 % des premières relations sexuelles se déroulent sans), l'hypersexualisation des icônes médiatiques, les références culturelles et la baisse notable de l'âge de la puberté – de 17 ans à 13 ans, en moins d'un siècle – ont créé un vide psychologique dans lequel les jeunes filles tombent facilement.

Si l'on admet de nos jours que la plupart des maternités d'adolescentes ne sont pas désirées – certaines sont subies par la force ou la violence , ce qui conduit une jeune femme de moins de 18 ans sur deux à opter pour une IVG, certaines grossesses sont pleinement voulues et assumées, les motivations étant variées. La grossesse traduit souvent un désir d'émancipation de l'adolescente, constituant un moyen fracassant d'entrer dans le monde des adultes. Elle assure la reconnaissance de l'univers des grands. Dans certaines cultures, la maternité demeure la suite logique et attendue du mariage. Si le mariage est précoce, la grossesse le sera tout autant. Elle apparaît comme un projet de couple au sein d'une structure familiale. La grossesse peut aussi être un accident de parcours pour une jeune fille scolarisée et demeurant toujours chez ses parents. L'absence de contraception conjuguée à un refus d'avorter peut conduire la grossesse à terme. Enfin, troisième cas de figure, l'adolescente déjà en perdition, déjà sortie du cadre normalement protecteur de la société, qui lance un appel à l'aide en tombant enceinte. Grâce à son état, elle va réintégrer un environnement social et obtenir, le cas échéant, un support familial ou social accru.

La venue au monde d'un bébé né d'une mère encore enfant bouscule les repères. La maternité est une étape à part entière durant laquelle la fille devient femme et mère en même temps, et se distancie habituellement de son groupe d'âge. Parce qu'elle voulait comprendre les motivations profondes de ces jeunes femmes et sortir des clichés les plus convenus, Stéphanie Godet, étudiante en maîtrise à l'Université du Québec à Montréal, prépare son mémoire de maîtrise sur les risques que représentent – socialement – les adolescentes enceintes.

Fruit d'une année de consultation auprès d'une trentaine de mères québécoises de moins de 19 ans, la recherche a déterminé quatre groupes d'adolescentes. Les premières vivent en couple au moment de la grossesse et, pour la plupart, travaillent. Dans leur histoire personnelle, où l'entrée dans la vie d'adulte s'est faite très jeune, la maternité est une phase normale et naturellement précoce. Finalement, cette grossesse a peu d'effets perturbateurs sur la vie du couple qui en planifiera éventuellement une autre. L'adolescente va se constituer un réseau d'entraide efficace et cherchera à s'impliquer dans une des communautés auxquelles elle appartient, soit par son travail, soit par son lieu de vie. Ce groupe d'adolescentes reproduit des modèles assez traditionnels dans lesquels la femme, une fois mère, devient entièrement dépendante de son conjoint pourvoyeur.

Le deuxième groupe auquel Stéphanie Godet s'est intéressée semble plus classique. Elle y décrit des adolescentes, mères accidentelles sans conjoint, dont le nouveau-né est entièrement pris en charge par leur famille. Très vite, la jeune femme va se sentir étouffée par ses parents trop présents. Elle peut même se sentir en compétition avec sa propre mère qui, à l'aube de la ménopause, s'est largement approprié le bébé. Dans un tel contexte, la grossesse est un élément très perturbateur qui, le plus souvent, conduit la jeune femme à quitter le domicile familial au plus vite pour trouver des ressources qui lui sont personnelles.

Complètement isolées socialement, les décrocheuses ne voient pas leur vie changer à la naissance de leur premier enfant. Déjà marginalisées – elles vivent dans la rue ou à la campagne –, elles sont exploitées et sous-payées dans des manufactures ou gardent les enfants du voisinage. Elles manquent complètement de ressources et bien souvent d'information de base. Leur entrée dans les organisations formelles se fera d'ordinaire au moment où elles auront été signalées – pour négligence, par exemple – aux autorités compétentes (médecins, travailleurs sociaux, éducateurs communautaires, etc.).

Enfin, les adolescentes élevées en centre ou en famille d'accueil constituent le dernier groupe recensé par Mme Godet. Ces jeunes femmes, comme le confirme Sylvie, responsable des Appartements supervisés pour jeunes mères de Montréal, sont issues de familles dysfonctionnelles avec lesquelles elles n'entretiennent aucun contact. Elles rencontrent un homme et deviennent vite enceintes. «Elles cultivent une sorte de pensée magique selon laquelle la grossesse va faire rester leur copain, qui va alors s'occuper du bébé et donner de l'argent ; la plupart du temps, ça ne marche pas», d'expliquer Sylvie. Plus que le garant imaginé de leur couple, la maternité est surtout, pour ce type d'adolescentes, la porte de sortie inespérée de la famille d'accueil et la porte d'entrée vers un nouveau statut social. D'autant que l'enfant va leur procurer un accès aux aides de subsistance et autres allocations pour parents séparés, définis en France par le terme «parent éloigné».

Parmi les jeunes mamans rencontrées aux Appartements, peu sont scolarisées (deux années de collège ou d'école secondaire) – elles ont quitté l'école quelques années avant de devenir enceintes

– et pratiquement toutes sont elles-mêmes nées de mères adolescentes. Les pères ont pris la poudre d'escampette, le plus souvent dès qu'ils ont appris la grossesse. Si certains pères apparaissent sur les déclarations de naissance, ils peuvent se prévaloir de droits de visite que trop peu réclament encore.

Pour ces filles, l'enfant né ou à naître représente toute leur vie : elles vont lui donner tout l'amour qu'elles n'ont pas reçu. Il leur offre une nouvelle identité ; au lieu d'être d'éternelles ratées, elles sont maintenant des mères !

Fortes des préjugés dont elles se sentent victimes, ces adolescentes vont se maintenir dans un isolement social qui, selon elles, les préserve de l'intervention des professionnels des réseaux formels. En fait, plusieurs d'entre elles vivent dans la peur : peur des services sociaux de protection de la jeunesse (DPJ au Québec, DASS en France), peur de se faire repérer dans leur différence. Alors elles déménagent souvent sans laisser de traces. Mais quelles que soient les difficultés rencontrées, aucune d'entre elles ne regrette son choix. L'enfant est tout ce qu'elles ont.

Aux Appartements, qui existent depuis plus de cinq ans, neuf jeunes mères sont accueillies pour une période pouvant aller jusqu'à 18 mois. La majorité de ces grossesses ont été des accidents. « J'étais amoureuse et j'ai vécu un moment d'oubli », se souvient l'une d'elles laconiquement. Aucune n'a voulu avorter. Certaines, comme Mélanie, ont simplement oublié leur rendez-vous fatidique ! Une équipe leur apporte une aide spécifique qui leur permet de franchir le cap des premiers mois de la maternité. Alexandra, Annie, Amélie vivent ainsi au rythme de leur bébé. Si elles ne sont pas entièrement autonomes, elles bénéficient d'un studio qu'elles partagent avec leur bébé. Elles trouvent cette proximité permanente très lourde à endurer.

Et bientôt, leurs problèmes se concentrent sur la réponse qu'elles ne parviennent pas toujours à offrir à leurs petits. Toutes parlent de leurs tribulations quand le bébé est malade, quand il refuse de dormir à heures fixes; bref, quand il vit sa vie de bébé! « Oh! le bébé nous prend toute notre journée », déplorent-elles, un peu désespérées. À peine sorties de l'enfance, elles ont du mal à subvenir à tous les besoins de leur enfant. Elles ne peuvent plus sortir comme avant, elles ne peuvent plus dormir comme avant. D'ailleurs, elles rêvent toutes d'aller s'amuser et d'aller danser! Souvent, elles vont accuser l'enfant – à tort – de tous les maux qu'elles n'endurent pas. « À 16 ans, on n'a pas beaucoup d'expérience; c'est pas un cadeau! » C'est là que l'équipe d'encadrement intervient pour informer, conseiller et soutenir ces mamans un peu plus perdues que leurs *alter ego* majeures. « C'est d'élever un enfant seule qui est difficile, l'élever sans le père. L'âge n'a rien à voir. D'ailleurs, si j'avais été enceinte plus jeune encore, j'aurais aussi gardé le bébé. Mais quand ça commence mal dans la vie, ce n'est pas l'âge qui change quelque chose; c'est dur de s'en sortir et c'est tout! »

Même si les jeunes mères peuvent avoir recours à un suivi thérapeutique qu'elles demandent rarement, la plupart d'entre elles refusent de briser le mur du silence qui s'est établi avec leur famille biologique ou adoptive. Ainsi Alexandra, l'exilée dominicaine, qui a fui le foyer familial pour ne pas subir le diktat d'un père violent. Sa plus grande tristesse? Être loin de sa propre mère restée dans les Caraïbes.

De la même manière, quand elles ont vécu de lourds conflits avec leurs concubins, elles ne parviennent guère à sortir de leurs problèmes : elles sont souvent en déni et refusent toute intervention qui les confronterait trop. Ainsi, Amélie, qui habitait avec le père de son bébé; quand l'homme, déjà père de deux autres enfants, a appris que l'adolescente était enceinte, il l'a mise à la porte. Et Annie, qui, malgré une grossesse parfaitement désirée par son compagnon, a vu disparaître celui-ci dès que son ventre s'est arrondi trop explicitement.

« Les mères ado sont comme Cendrillon! Elles aspirent à rencontrer le prince charmant qui les sauvera de leur triste sort », de sourire tristement Sylvie, la responsable du centre. Et quand elles reçoivent leur chèque mensuel d'aide gouvernementale, elles partent regarder les vitrines des galeries marchandes avoisinantes en rêvant. Chose certaine, leur avenir et celui de leur enfant sont plus qu'incertains. Si elles apprennent les rudiments d'une éducation à donner et du maintien d'un foyer, elles sont en état de survie affective permanent. «Je ne pense pas à la vie après ici; j'ai un peu peur de ne pas y arriver, de ne pas être à la hauteur. Mais je n'en suis pas encore là. Je ne vis qu'une journée à la fois!» s'exclament-elles de concert.

Une seule des 12 adolescentes mères rencontrées regrette ouvertement sa maternité; les autres ne regrettent rien et espèrent avoir d'autres enfants... dans quelques années!

CHAPITRE VII

UNE RÉALITÉ INCONTOURNABLE

« Peut-être qu'Amy et moi, on se raconte des histoires, mais je crois fondamentalement que notre fille est comme les autres fillettes de son âge ; je ne crois pas qu'avoir deux mamans présente pour elle des difficultés supplémentaires dans la vie. Notre seule crainte est qu'elle soit mise à l'écart à cause de nous. Qu'elle soit victime de rejet parce que les parents de ses copines d'école nous jugent. Les enfants constatent les différences, mais ils n'en tirent pas des conclusions désobligeantes. Spontanément, ils ne jugent pas.

« Faire des enfants n'est pas un geste politique en soi, mais je crois que les enfants de parents homosexuels, gays ou lesbiennes, verront le monde d'une autre façon, parce que leur réalité quotidienne n'est pas tout à fait la même que celle des copines ! Mais, comme tous les autres parents, nous espérons une seule chose : qu'elle soit heureuse et qu'elle trouve la personne avec qui elle sera bien, que ce soit un homme ou une femme. »

La première fois que j'ai parlé à Mary, je ne savais sincèrement pas quoi penser des parents homosexuels. Parce que j'avais à écrire un article à leur sujet, j'ai effectué des recherches et je me suis posé des questions. Un petit quelque chose me chatouillait : un résidu de morale judéo-chrétienne peut-être ! Je n'ai foncièrement rien à reprocher aux homosexuels, du moment qu'ils ne me demandent pas de partager leur orientation sexuelle. J'ai même quelques points communs avec les gays puisque, comme eux, j'aime les hommes. Mais il est vrai que, par manque de connaissances sûrement, je n'étais pas certaine qu'il était dans le meilleur intérêt des enfants d'avoir des parents homos. Cette remarque tenait de l'idée reçue qui traîne dans notre esprit sans qu'on s'y arrête.

Il y a plusieurs années, une amie m'avait confié combien elle était convaincue qu'un enfant grandirait mieux dans une famille gay aimante, attentive à ses besoins et disponible plutôt qu'auprès de parents en guerre perpétuelle. À l'époque – il y a près de 15 ans –, je trouvais l'argument un peu excessif. Puis le temps a passé et je suis devenue mère, moi aussi. J'ai très vite réalisé que les besoins essentiels d'un petit reposent finalement sur bien peu de choses. Pour s'épanouir et acquérir les moyens de devenir un adulte équilibré, un enfant a d'abord besoin d'amour, d'attention et d'affection ; puis, bien sûr, il doit avoir un toit sur la tête et de la nourriture dans son assiette. Alors, je me suis demandé ce qui empêcherait un homme ou une femme dont l'orientation sexuelle n'est pas celle de la majorité de la société d'apporter ces éléments primordiaux à un enfant, si ce ne sont les préjugés.

Au Québec, où la communauté homosexuelle est l'une des plus importantes au monde et, surtout, où elle bénéficie d'une sympathie spontanée de la population, l'union civile entre conjoints du même sexe vient tout juste d'être légalisée (2002) dans la plus totale confidentialité médiatique. En Angleterre, cette même année, les Lords se sont prononcés contre le droit à l'adoption des enfants par les couples gays, au nom de l'instabilité tacite des ménages. En France, les tollés qui ont souligné l'entrée en vigueur du Pacte civil de solidarité (PaCS) – reconnaissance légale du concubinat pour un couple hétérosexuel ou homosexuel –

en novembre 1999 se sont calmés quand, deux ans après, les rapporteurs officiels de son application, MM. Michel et Bloche, en ont dressé un bilan positif. Non, le nombre de mariages n'avait pas chuté ; non, le PaCS n'avait pas seulement favorisé l'émergence des homosexuels, puisque 60 % des signataires étaient hétérosexuels. Dès 2001 donc, la question de l'adoption par les couples gays a été soulevée. Et l'évidence de tomber : il faut concevoir qu'un enfant sera plus heureux avec des parents homosexuels que s'il est placé en institution, écrira l'un des rapporteurs français.

Il est dans la logique des choses qu'un couple qui s'aime ait envie d'avoir des enfants, et ce, quelle que soit son orientation sexuelle. J'y reviendrai parce qu'il me semble qu'il reste tout de même un paradoxe. En Suède, depuis février 2002, les couples homosexuels peuvent légalement devenir parents : ils peuvent adopter un enfant né d'une autre union ou adopter l'enfant de leur conjoint. Au Québec, aujourd'hui, une femme lesbienne peut se faire inséminer en taisant son homosexualité. Par contre, même si la Charte des droits et libertés de la personne protège normalement tout individu contre la discrimination et, donc, autorise gays et lesbiennes à adopter des enfants, dans les faits, des tas de freins peuvent démotiver les plus frondeurs. En effet, tous les candidats à l'adoption doivent préalablement subir une évaluation psychosociale. Or, le psychologue qui effectue cette évaluation peut parfaitement émettre des conclusions négatives fondées sur un prétexte quelconque pour éluder l'homosexualité affichée. De plus, actuellement, aucun pays au monde n'accepte ouvertement – au nom de l'intérêt des enfants – de confier des petits en adoption à des personnes homosexuelles. En France, l'adoption est autorisée pour les couples mariés depuis deux ans – les concubins ne peuvent pas y accéder, donc – et les personnes seules de plus de 28 ans. Comme l'orientation sexuelle n'est jamais demandée, *a priori,* rien n'interdit à un célibataire homosexuel d'adopter, si ce n'est un refus d'agrément délivré par les services sociaux, qui décideraient que son mode de vie est menaçant pour l'équilibre de l'enfant. Une opinion conservatrice partagée par les juges de la Cour européenne des droits de l'homme qui, en février 2002, ont donné raison au gouvernement français en niant que l'administration parisienne ait fait preuve de discrimination en refusant à un enseignant de 47 ans, en raison de ses choix de vie homosexuels, d'adopter un enfant. Et de rappeler que la Convention européenne des droits de l'homme ne garantit pas le droit à l'adoption!

En Californie, l'adoption par des couples homosexuels est pratiquement devenue chose courante, m'expliquent Ed et Martial, tous deux candidats à la paternité. Depuis 1983, année de la première *open adoption* à San Francisco, le mode d'emploi est simple : dès qu'un couple témoigne de sa solidité – partenariat légal ou achat conjoint d'une maison, par exemple –, il peut avoir accès à l'adoption. C'est-à-dire qu'il peut adopter un enfant dès sa naissance, au terme de la grossesse d'une adolescente qui n'a pas voulu avorter. Présentée comme ça, la formule invite au questionnement ; ainsi, l'avortement est troqué contre l'abandon. Mais jusqu'à un certain point, tout le monde est content de l'arrangement. La jeune fille – souvent de moins de 20 ans – ne s'encombre pas du poids d'un nouveau-né, le couple gay obtient le bébé dont il a toujours rêvé et l'enfant sera sans doute plus heureux dans sa famille adoptive. C'est la femme enceinte qui choisit le couple à partir d'un dossier formel, de témoignages personnels et de rencontres ; c'est surtout à elle que revient le dernier mot au moment du don. Elle peut jusqu'à la toute fin refuser de laisser son petit. De la même manière, le couple sélectionné peut refuser l'enfant à la dernière minute sans avoir besoin de justifier sa décision. Mais, dès que la mère met le poupon dans les bras de ses nouveaux pères, elle renonce automatiquement à tous ses droits. Il en va de même pour le père biologique qui n'aura jamais accès à cet enfant (que, souvent, il a abandonné en apprenant sa conception!).

Mary, la maman lesbienne, militante à ses heures, s'est fait dire par un politicien que – comme le mariage, auparavant – l'adoption d'enfants par les couples gays ne serait autorisée que le jour où l'ensemble de la population québécoise serait disposée à l'accepter. Et Mary de faire du prosélytisme pour défendre sa cause et la promouvoir. Ce n'est pas gagné, même dans un Québec plutôt homophile, comme en témoignent les commentaires d'internautes reçus à ce sujet dans le site web de PetitMonde, où je publie des chroniques mensuelles.

La plupart des réponses commencent par «je suis très tolérant, mais….» Ainsi, Natou, qui dit: «Gens homosexuels, vivez votre vie et votre sexualité comme bon vous semble, mais de grâce, laissez les enfants tranquilles. Je connais des enfants dont les parents sont homosexuels: leur vie est foutue; ils sont très déséquilibrés; ils ne se sentent pas normaux!» Lyne embraye: «On ne devrait pas tenter de changer ce que Dieu a créé. Tout le monde sait très bien qu'une famille est formée d'un homme, d'une femme et d'enfants.» «Quoi qu'on dise, le bon équilibre émotionnel de l'enfant nécessite un papa et une maman», continue Sonia. Même son de cloche de Shirley-Ann: «Un enfant a besoin de voir, de connaître, d'expérimenter et de vivre avec les deux sexes pour devenir un être complet.» Mais je laisse la lettre la plus expressive à Lourdy, son auteur: «Je n'ai rien contre les couples homos, mais je ne trouve pas ça normal de donner un petit bébé à deux hommes ou à deux femmes. C'est inimaginable, incompréhensible. Vous imaginez-vous un enfant se réveillant au milieu de deux hommes? Quand cet enfant ira à l'école, tandis que tous les autres enfants ont un papa et une maman, il se sentira méprisable d'avoir hérité de deux hommes qui s'embrassent devant tout le monde pour montrer qu'ils sont ensemble. C'est méchant de faire ça à un enfant.» À la lecture de ce dernier commentaire, je ne peux que sourire et me souvenir que dans les années 1960, l'homosexualité était un crime au Canada: il évoque trop ceux qu'émettaient mes grands-parents dès qu'ils voyaient un couple mixte – femme blanche et homme noir – dans les années 1970. Souvenez-vous du film *Devine qui vient dîner*. Malheureusement, il traduit ce que pense une majorité de citoyens dès qu'un modèle traditionnel est transgressé. Les mères d'enfants illégitimes le savent bien!

Inutile de préciser que du côté de l'Organisme catholique pour la vie et la famille, il y a loin de la coupe du dogme aux lèvres de la tolérance. Diane Dupras, codirectrice de cet organisme québécois, ne mâchait pas ses mots, en décembre 2001, en écrivant dans le quotidien *La Presse*: « Le mariage et la famille sont les lieux d'appartenance et de croissance qui doivent être privilégiés et protégés. Ils sont les lieux les plus favorables au développement des enfants.» Jusque-là, Mme Dupras conforte plutôt les attentes des homosexuels qui ne demandent pas mieux que d'avoir droit au mariage et à la famille! La suite est plus vindicative. «Il faut distinguer le respect à l'égard des droits de la personne, qui touche à l'individu, et l'institutionnalisation d'une orientation sexuelle pour en faire un modèle social et familial qui touche à toute la société.» «Il n'est certes pas question de dire que des partenaires du même sexe sont incapables de fournir à l'enfant un milieu d'amour, continue-t-elle. Mais l'enjeu fondamental est le droit de l'enfant à grandir et à se développer avec un père et une mère.» Quand on voit le nombre d'enfants qui vivent avec leur mère 365 jours par an, on peut se demander qui se sent encore concerné par ce discours de l'Église catholique.

Faute de droit à l'adoption légale, les homosexuels font ce qu'ils peuvent pour s'épanouir dans leur orientation sexuelle et assouvir leur besoin de parentalité. À Berlin, depuis l'automne 2000, une agence met en contact gays et lesbiennes qui désirent avoir un enfant. Parmi ses services, l'organisme Queer & Kids offre de l'information médicale et juridique, en plus de jouer au médiateur dans ses rencontres procréatrices. De ce côté-ci de l'Atlantique, à Montréal, par exemple, la plupart des pères gays ont eu leurs enfants avant de sortir du placard, durant un mariage hétérosexuel. «Aujourd'hui, la société est tolérante mais non "acceptante", explique le psychologue Luc Lachance, dans une entrevue réalisée en décembre 2001. Les homosexuels peuvent vivre tant qu'ils ne dérangent pas, tant qu'ils ne s'embrassent pas en public et ne se tiennent pas la main. Du coup, ils vivent encore cachés, ils s'isolent. Présents dans toutes les couches de la société, ils doivent absolument refuser d'être mis à l'écart. C'est un long combat. Parce que l'homosexuel ne choisit pas son orientation sexuelle: il est né avec comme un Noir naît noir et une femme naît femme.»

Tandis que Amy, sa compagne, a eu quelques aventures hétéros avant d'assumer son homosexualité, Mary sait depuis longtemps, malgré les réticences de sa famille, qu'elle est lesbienne. Elle vit son orientation sexuelle avec sérénité. Une fois enceinte, elle a réalisé combien, si elle avait voulu se la cacher à elle-même, ça n'aurait plus été possible dans une période aussi intime et émotionnellement forte. «Pour pouvoir parler à mon enfant et lui expliquer ce que je vis, il faut que je sois parfaitement bien dans ma peau, en équilibre avec moi-même. Il faut se révéler à soi-même pour être bien dans son rôle de mère lesbienne.» «Notre fille Georgia est au cœur de notre vie de couple. Nous sommes des mamans avant tout. Que nous soyons lesbiennes ne change rien. Georgia a le rhume comme les autres enfants, elle dort comme les autres enfants. Et nous sommes des mères comme les autres avec les mêmes préoccupations pour leurs enfants.» Martine Gross, la présidente de l'Association des parents et futurs parents gays et lesbiennes, créée à Paris en 1986, s'exprime dans le même sens. «L'homoparentalité bouleverse la donne, expliquait-elle dans le magazine *Marie-Claire* en novembre 2000. Elle oblige à la visibilité. Pour une raison simple: on peut choisir de vivre caché, mais on peut difficilement mentir à ses enfants ou les élever dans le mensonge.»

Pour une lesbienne, un des moyens les plus simples d'avoir un enfant demeure l'insémination artificielle. Les hommes ne disposent pas de ce recours. Ils doivent utiliser une mère porteuse qui aura leur enfant par insémination artificielle. C'est la méthode qu'ont privilégiée André et Martin. Aussi fébriles que les hétéros, ils ont suivi les grossesses avec anxiété et sont venus participer à l'accouchement. «Je crois que j'ai vécu l'événement comme les autres pères, mais ce n'est pas tout à fait juste. Je regardais une femme – avec qui je n'avais pas grandi et avec qui je n'avais aucun rapport amoureux – souffrir pour moi. Elle n'obtiendrait rien en retour. Je crois que c'est un geste ultime de générosité!»

Quant à elles, Mary et Amy, comme beaucoup de lesbiennes, ne vivaient pas dans le dégoût des hommes et ne considéraient pas le sperme comme une marchandise biologique quelconque. Elles voulaient donc bien naturellement connaître leur donneur de sperme. Et là, il n'existe pas beaucoup de solutions: soit un hétéro qui dépanne, soit un homo qui éjacule dans un bocal. En fait, elles voulaient un homme qui partage les mêmes valeurs qu'elles, mais qui ne chercherait pas à s'impliquer dans l'éducation du futur bébé. «On ne voulait pas avoir à prendre les décisions à trois», se souviennent-elles. Elles ont trouvé un bon gars, un homme *cool* qui n'a jamais souhaité être père et qui sera d'ailleurs le géniteur de leur deuxième enfant, cette fois porté par Amy.

«Nous ne voulons pas cacher la vérité à Georgia mais, à quatre ans, les notions de biologie lui sont encore un peu méconnues! À la garderie, quand on lui pose des questions, elle répond qu'à la maison, il n'y a pas de papa et parfois elle précise qu'il y a deux mamans. Nous tentons de lui expliquer qu'il existe toutes sortes de modèles de couples, de familles, de la même manière qu'il y a toutes sortes de gens différents. L'ouverture d'esprit, c'est une philosophie de vie.» «Georgia n'est pas isolée, nous fréquentons d'autres familles homoparentales; nous fréquentons aussi des hommes, Georgia a des grands-parents, des oncles. Nous sommes contentes pour elle parce que si c'est bien d'être différent, c'est difficile pour un enfant de se sentir seul. Et Georgia n'est pas seule!»

« Aussi loin que je me souvienne, j'ai toujours voulu des enfants, m'explique Sylvain Mercier, le président de l'Association des pères gays de Montréal. J'étais jeune, je ne savais pas ce que signifiait être gay. Il y avait bien des hommes dans mes fantasmes mais je faisais comme tout le monde, je sortais avec des filles sans que ça m'épanouisse vraiment. » Un jour, Sylvain rencontre une femme avec qui il s'entend vraiment bien. Ils décident tout naturellement d'avoir un enfant, puis deux. « Après la naissance de mon deuxième, je me suis dit que j'avais fait un homme de moi. Il était temps que je me questionne sur qui j'étais profondément. Il était fondamental que je sache si j'étais gay ou pas. J'avais peur de vieillir seul et de ne pas être heureux. » Puis, Sylvain enchaîne les expériences extraconjugales homosexuelles sans y trouver véritablement de satisfaction. Il devient de plus en plus agressif avant de rencontrer l'homme de sa vie. Soudain, c'est l'évidence : le quadragénaire se révèle à lui-même.

Quand nous sommes sortis du café où je l'ai rencontré, Sylvain a croisé un autre père gay, qui avait la cinquantaine joyeuse de l'homme bien dans sa peau. Son histoire serait trop longue à raconter, me glisse-t-il, rigolard. « Notre plus grand problème, ce sont les mères », dira-t-il en un clin d'œil. Je me mets à leur place : non contentes d'être trompées, elles apprennent bien souvent sur le tard que la maîtresse de monsieur est un homme. De quoi faire une jaunisse !

« Quand elle a appris que j'étais gay, ma femme n'a pas voulu que j'aie une garde partagée des enfants », ajoutent de concert les deux pères. Un cas classique, visiblement, chez les gays. Pourtant, toutes les études scientifiques concordent : les enfants élevés par des homosexuels sont comme les autres et ne deviendront pas nécessairement homosexuels eux-mêmes. « L'homosexualité est éventuellement acceptée comme option individuelle ou relationnelle, mais à condition de rester stérile », lance le démographe Michel Bozon en attaque d'un article du quotidien français *Libération* en mars 2002. Blandine Grosjean, la journaliste qui le cite, indique combien aujourd'hui le combat des homophobes s'est déplacé sur le terrain de la filiation. Or, si l'on se fie au discours de Freud, rapporté dans l'ouvrage *Le Sexe prescrit* de la psychanalyste Sabine Prokhoris citée par *Libération,* « du point de vue psychanalytique, l'hétérosexualité est tout autant un problème que l'homosexualité ». Toujours selon Freud, « [...] le mouvement du désir amoureux oscille normalement, et le terme est important, entre l'objet du même sexe et l'objet du sexe opposé. Il n'y a pas de sexualité qui soit, entre guillemets, plus normale qu'une autre. Par contre, socialement, on aurait tendance à nous en persuader ». Dans ce cadre, le désir d'enfant est tout aussi légitime pour un hétérosexuel que pour un gay ou une lesbienne. « Il faut se poser la question : qu'est-ce qu'il y a de vraiment spécifique à être une mère ou un père ? » s'interroge Danielle Julien, professeur de psychologie à l'Université du Québec à Montréal, dans le quotidien *La Presse,* en février 2002. « Le père est pourvoyeur et la mère, garante du souper ? Ce sont des contraintes structurelles, ça n'a rien à voir avec les gènes ! Il existe des comportements spécifiques d'adultes, de parents, mais pas de papa ou de maman. »

En ce qui me concerne, je reste troublée par un point. Dans la nature, il faut un mâle et une femelle pour garantir la reproduction. Un gay ou une lesbienne vit avec une personne du même sexe et, jusqu'à un certain point, refuse la dualité hétérosexuelle. Comment peut-on, dans ce cadre, désirer quand même l'ultime représentation du mélange des sexes : l'enfant ? Je n'ai pas d'explication à ce qui me semble être un véritable paradoxe. Pourtant, les témoignages font cas de ces hommes qui, se révélant homosexuels, mettent une croix sur leur désir parental. Ce deuil fictif finit souvent par les rattraper d'une manière ou d'une autre.

Citée dans *Libération* en mars 2002, l'ex-rédactrice en chef de *Lesbia magazine,* Catherine Gonnard, effectue un bref rappel historique. Elle se souvient combien, dans les années 1980, l'homosexuel était en quête de visibilité, il se battait pour avoir le droit de draguer dans les parcs, pas pour devenir père de famille! Avec le sida est né le besoin de reconnaissance du couple homosexuel comme rempart contre la maladie. Le PaCS en France, l'union civile au Québec sont arrivés, libérant parole et comportement: le désir d'enfant s'est installé dans ses récents acquis.

Sociologue à l'École normale supérieure, Éric Fassin, cité en mars 2002 dans un article de *Libération,* rappelle combien le désir d'enfant n'est pas une donnée naturelle, même chez les hétérosexuels, mais se construit historiquement à la faveur d'incitatifs ou d'interdits sociaux. Et pour ce professeur, les pratiques précèdent souvent les lois: parce que les couples veulent se séparer, on autorise le divorce; parce que des adultes vivent ensemble, on crée le statut d'union libre; et, parce que les homosexuels ont des enfants – portés ou adoptés –, il faudra bien que la loi suive!

Actuellement, et depuis 2001, les Pays-Bas sont un des seuls pays au monde qui autorise l'adoption d'un enfant par un couple de même sexe. Toujours aux Pays-Bas, mais aussi en Angleterre, en Allemagne, au Danemark, en Islande, en Norvège et au Pays de Galles, l'autorité parentale est légalement reconnue aux deux parents du même sexe. En France, il n'en est pas encore question. Tandis qu'en Angleterre, en Suède ou en Espagne – et en Belgique, au Portugal ou aux Pays-Bas, dans la mesure où il n'y a pas de loi explicite –, les lesbiennes peuvent avoir recours à l'insémination artificielle, la procréation médicalement assistée est réservée aux hétéros en France comme au Québec. Dans la conservatrice Amérique de George Bush, seuls la Floride et le Texas interdisent spécifiquement l'adoption par une personne homosexuelle, mais seulement 8 des 49 autres États reconnaissent le partage de l'autorité parentale entre deux parents du même sexe. Le Vermont, le Connecticut et la Californie autorisent quant à eux les gays à adopter l'enfant de leur partenaire.

Quoi qu'on en dise et quels que soient les hauts cris poussés par une majorité conservatrice, force est de constater que les enfants de gays ne sont pas si malheureux qu'on voudrait bien le laisser penser. Au point que les 55 000 médecins de la très sélecte Académie de pédiatrie américaine – comme le signalait *L'Express* en mars 2002 – ont récemment recommandé la légalisation de l'adoption par les couples gays et lesbiens. Ce qui garantit un avenir plus radieux aux quelque 1 à 9 millions de petits Américains dont au moins l'un des deux parents est homosexuel.

Si cette directive est le fruit de 20 ans de recherches, sa teneur scientifique laisse à désirer mais ses conclusions terrassent les idées reçues : les enfants d'homosexuels sont au moins aussi équilibrés que ceux élevés par des hétérosexuels. «L'alcoolisme, l'absence d'amour, la violence perturbent, pas l'orientation sexuelle des parents!» conclut l'enquête, ajoutant dans un autre paragraphe que «l'orientation sexuelle n'est pas une variable qui détermine le potentiel et l'habileté d'un parent à subvenir ou non aux besoins nécessaires au développement de leurs enfants». «En ce qui me concerne, je ne souhaite pas que mes enfants deviennent homos, rigole Sylvain Mercier, parce que dans la vie, ce n'est pas drôle d'être gay!» Mais il est impossible de prévoir l'avenir puisque, comme l'hétérosexualité, l'homosexualité ne s'attrape pas!

Président de la Table de concertation des lesbiennes et des gays du Québec, Pierre Valois posait, dans *La Presse,* en décembre 2001, une question en réponse aux sempiternelles attaques sur le futur déséquilibre des enfants élevés par des parents du même sexe. Où sont les études qui confirment cette difficulté présumée? Le Dr Stéphane Nadaud, du Centre hospitalo-universitaire de Bordeaux, a conduit une recherche auprès d'enfants de parents homos. Sa conclusion est pragmatique : «Les couples homosexuels sont des parents comme les autres ; et leurs enfants n'ont pas de problèmes psychologiques particuliers.» Le pédopsychiatre spécifie qu'ils ne sont pas différents de la population en général, si ce n'est que la plupart sont plutôt plus équilibrés que la moyenne, qu'ils expriment plus facilement leurs émotions et s'entendent plutôt bien avec leurs parents.

Dans un dossier qu'elle a signé sur le sujet en février 2002, la journaliste Sylvia Galipeau racontait, dans les pages du quotidien montréalais *La Presse,* l'histoire de Stéphanie, dont les parents se sont séparés à la «sortie du placard» de sa mère. Quand elle se souvient de son installation avec sa mère et sa nouvelle compagne, Stéphanie évoque l'impression d'une vraie vie de famille. «C'était encore mieux que lorsque mes parents vivaient ensemble, parce qu'eux ne s'entendaient pas.» Le jeune Ludovic qui a, lui aussi, été élevé par une mère lesbienne, témoigne dans le même sens : «Le sentiment d'exclusion d'un enfant qui a une mère lesbienne ou un père gay ne découle pas du fait qu'il ait un parent homosexuel, mais plutôt du fait que cette réalité soit passée sous silence.» Bien que sensible aux railleries endurées à l'école, Ludovic n'en a pas moins défendu sa mère devant la commission parlementaire québécoise qui étudiait le projet de loi sur l'union civile.

En 1994, l'American Psychological Association effectuait une recherche bien intéressante sur l'incidence de l'homoparentalité en ce qui concerne certaines inquiétudes souvent évoquées : l'identité sexuelle des enfants, leur développement personnel et les relations sociales qu'ils développent avec leurs camarades et les adultes de leur entourage. L'étude citée par l'Association des Parents et futurs parents Gays et Lesbiens (APGL) s'achevait sur ce commentaire : «L'homosexualité n'est pas une maladie mentale ni une dépravation morale. C'est simplement une manière qu'a une minorité de la population d'exprimer l'amour humain et la sexualité.»

Un centre de fertilité de Bruxelles s'est attardé à effectuer une recherche du même type. Là encore, les conclusions signalées sur le site de l'APGL sont claires : seuls les jeunes issus de milieux socialement défavorisés et traditionnellement homophobes vivent mal leur expérience d'être nés d'un parent homosexuel ou élevés par lui. Et les chercheurs d'ajouter: «Serions-nous prêts à interdire à des Juifs, à des Noirs ou à des personnes subissant une discrimination quant à l'ethnie ou la religion de devenir parents, sous prétexte de ne pas exposer leurs enfants à la discrimination?»

Au-delà des difficultés rencontrées par les couples gays qui désirent adopter, les homosexuels dont les enfants sont nés d'une précédente union hétérosexuelle traversent eux aussi des épreuves: l'ex-épouse qui refuse que le père voie ses enfants; les enfants qui, particulièrement entre 8 et 14 ans, sont les principaux sujets de moqueries de l'école. Patricia a fait les frais de sa famille peu ordinaire: bercée par un père gay et une mère lesbienne, elle a subi les quolibets de ses camarades dès l'entrée à l'école. Et chacun d'observer si son patrimoine allait avoir une incidence sur sa propre orientation sexuelle. C'est à l'école – principalement vers la fin du primaire – que naît la discrimination, de dire Nicole Paquette, coordonnatrice de l'Association des mères lesbiennes, dans *La Presse,* en février 2002. Si le corps enseignant ne tolère pas les propos racistes, pourquoi devrait-il admettre les comportements homophobes?

Quand le nouveau conjoint accepte spontanément la présence d'enfants, la vie quotidienne se simplifie. «Mes enfants avaient sept et cinq ans quand j'ai rencontré Alan, m'explique Sylvain. Les week-ends où ils étaient avec moi, ils posaient des tas de questions sur "l'ami de papa": est-ce qu'il va coucher à la maison? où va-t-il dormir?, etc. Et puis, un matin où nous avions oublié de dormir en pyjama, ils se sont glissés dans le lit. En constatant notre nudité, ils ont éclaté de rire! La famille de mon ex-épouse est très conservatrice et refuse catégoriquement que j'aie mes enfants pendant la semaine. De mon côté, mes parents ont accepté mon homosexualité facilement: dès qu'ils m'ont vu plus heureux, ils n'ont pas cherché plus loin. Ils étaient bien contents. Et puis, vu qu'ils ne s'entendaient pas avec ma femme, aujourd'hui que je suis divorcé et qu'ils apprécient mon conjoint, ils nous voient plus, les enfants et moi», complète Sylvain.

Au dire de Sylvain, les enfants naviguent assez facilement dans la vie de leur nouveau homopapa, appelant joyeusement «papa Alan» le conjoint de leur père. Un jour, une psychologue est venue à l'Association des pères gays de Montréal pour expliquer comment prévenir les agressions verbales dont les plus jeunes pourraient être victimes. «Il faut les armer, a expliqué la spécialiste, pour qu'ils acceptent leur différence et la fassent accepter sans commentaires.» Alors les papas s'organisent, ils parlent avec leurs petits, ils sortent en groupe et s'accordent des activités ludiques en famille, aussi gay soit-elle. «Aujourd'hui, ce n'est pas rare de voir des pères hétéros, divorcés, aller dans un parc d'attractions avec leurs enfants. Rien ne nous différencie de ces pères-là. Du coup, on ne fait réagir personne. Les couples hétéros ne s'embrassent pas souvent à pleine bouche devant leurs enfants : pourquoi tout le monde pense-t-il que nous avons des comportements provocants en permanence? Nous ne sommes pas plus exubérants que les autres pères.» Le défilé de la fierté gay n'a lieu qu'une fois par an et les *drag queens* sont la minorité visible et excentrique de la communauté, ils ne sont pas représentatifs de la majorité des homosexuels qui mènent une vie d'adultes traditionnelle.

«Les homosexuels consultent de moins en moins et, quand on creuse, on leur découvre une homophobie intériorisée», explique le psychologue Luc Lachance. «C'est dur de s'aimer quand on nous dit qu'on dérange.» Sylvain Mercier renchérit en parlant de ses acolytes de l'Association des pères gays de Montréal. «Actuellement, la plus grande difficulté rencontrée par un père homosexuel est de s'accepter comme gay. Et puis ensuite, de s'accepter comme père qui n'aura pas honte devant ses enfants. Parce qu'il est un bon père! Si son enfant a honte, c'est son histoire à lui, ça ne signifie pas qu'il est un mauvais père.» Le psychologue, psychanalyste et professeur à l'Université du

Québec à Montréal Louis Brunet, cité dans *La Presse* en février 2002, propose aux pères de baser leur relation filiale sur leur parentalité et non sur leur homoparentalité. Il faut qu'ils soient pères avant tout et non pères homosexuels.

Tout le monde ne semble pas être convaincu. Il y a quelques mois à peine, on lisait dans le journal *Le Soleil* de Québec les commentaires acérés d'un lecteur : « Faciliter l'émergence de l'homoparentalité, c'est remplacer le fondamental par le relatif. L'homoparentalité ne sera toujours qu'un ersatz. » Ce monsieur de conclure : « Nous déréglons le processus normal de l'évolution et nous risquons de nous retrouver un jour baignant dans une mer de permissivité aux portes de la décadence. Comment peut-on honnêtement, sans avoir l'esprit tordu, demander aux enfants de payer le prix de cette évolution sociale ? »

Je laisserai à une lectrice de ce même quotidien *Le Soleil* le mot de la fin. Elle écrivait en mars 2002 : « Pour procéder à des démarches longues et difficiles pour adopter un enfant, il faut réellement en désirer un. Pourtant, il n'en est pas toujours ainsi pour les couples hétérosexuels dits normaux. [...] L'enfant élevé par des parents homosexuels ne peut que s'enrichir d'une telle famille. Il pourra dès le plus jeune âge apprendre la tolérance face à la différence. Il apprendra aussi le courage de ne pas agir comme tous les autres hommes. Il prendra conscience que même si certains hommes et femmes ne cadrent pas dans le moule de la société, il n'en demeure pas moins qu'ils sont dignes d'être aimés et respectés. »

CHAPITRE VIII

UN TABOU QUI A LA VIE DURE

La première fois que je me suis attardée aux couples qui ne voulaient pas d'enfants, je me suis rapidement cognée contre un mur. C'était il y a quelques mois à peine, j'avais un article à écrire. Un tout petit article de rien du tout qui cherchait à explorer ce nouveau mode de vie à deux. Mais de tous les gens auxquels je parlais, aucun n'acceptait de m'accorder un entretien ; et chacun de bredouiller une excuse que je m'efforçais de croire. Face à ce mutisme, j'en suis venue à la conclusion qu'il devait y avoir une sorte de tabou autour du refus d'avoir des enfants. Rien de tel pour aiguiser ma curiosité ! En fouillant, j'ai découvert un trou béant. Entre le militantisme farouche – voire primaire – de certains et la détresse affective des autres, restent quelques couples apparemment équilibrés et bien sous tous rapports qui n'ont jamais eu envie d'avoir des enfants et qui ne s'en portent pas plus mal.

Avant, la vie était simple : une femme se mariait, avait des enfants, un point c'est tout. Avec la possibilité de choisir sont arrivées les difficultés. Et les excuses se sont multipliées : «J'ai peur de ne pas être à la hauteur» ; «C'est un choix irréversible, c'est une trop grosse responsabilité» ; «Je crains de m'impliquer dans le couple» ; «L'avenir du monde et de la société m'inquiète»; «J'ai beaucoup souffert dans la vie»; «Je me suis déjà beaucoup trop sacrifiée»; «J'ai besoin qu'on s'occupe de moi»; «Ma carrière me passionne», et j'en passe et des meilleures.

Aujourd'hui, il existe *a priori* trois types de femmes qui n'ont pas d'enfants. Les premières sont celles qui n'ont pas connu les bonnes circonstances pour en avoir (conjoint, situation économique, engagement professionnel, etc.). Habituellement, cette réalité les rend malheureuses, elles ne l'acceptent pas. Elles se sentent en situation d'échec dans une société où la performance est de mise. Alors elles rêvent du prince charmant qui, enfin, leur fera un petit. Si elles n'ont pas réussi à être enceintes avant la quarantaine, elles deviennent la clientèle type des cliniques de fertilité et des agences d'adoption.

Deuxième type: certaines femmes qui ne pouvaient pas avoir d'enfants, pour des raisons médicales, par exemple, ou à la suite du décès de leur conjoint, ont fait leur deuil de la maternité. La plupart du temps, une fois la démarche psychologique effectuée, elles acceptent leur condition et trouvent leur équilibre affectif auprès d'un solide cercle d'amis. Ce groupe sera essentiel, puisque c'est à ses côtés que la femme reconstituera son estime de soi galvaudée par le manque d'enfant.

Enfin, il existe des femmes qui n'ont jamais voulu d'enfants. C'est comme ça. Elles font bien de ne pas se forcer, d'ailleurs. «Il y a un principe tacite qui dit que la maternité est intrinsèque à l'identité féminine», commence Mardy Ireland dans son livre *Reconceiving Women, Separating Motherhood From Female Identity*. «Et les femmes qui ne sont pas des mères sont souvent décrites comme étant exceptionnelles, à moins qu'elles n'inspirent une grande pitié. [...] Elles sont considérées comme des personnes déficientes, négatives, incapables de remplir leur rôle féminin. [...] Alors que la reproduction et la paternité n'ont jamais été au centre du développement masculin, la capacité de la femme à se reproduire s'est inscrite au cœur du processus normal de développement féminin», ajoute l'auteur en guise de présentation. Si vous n'êtes pas mère, vous n'êtes pas complètement femme!

Pour illustrer l'enracinement de cet acquis social, Mardy Ireland reprend la légende de Lilith. Lilith serait, dans la mythologie, la première femme, comme Adam fut le premier homme. Et chacun de discuter et de négocier pour savoir qui aurait le droit de prendre des décisions. Voyant qu'ils n'arrêtaient pas d'ergoter et qu'aucun des deux ne céderait, Lilith s'est enfuie, portée par le vent des mots. Dieu envoya trois anges pour la ramener et la menaça de sacrifier quotidiennement 100 de ses fils si elle refusait de revenir. Mais Lilith déclina la proposition, invoquant son destin à porter exclusivement des enfants affaiblis et souffreteux (des garçons de 8 jours et des filles de 20 jours). Dans l'imaginaire collectif, Lilith fut vite remplacée par la jolie Ève qui, elle, née de la côte d'Adam, allait passer sa vie à enfanter et y trouver son bonheur. Ce mythe immortalise à lui seul les risques que prennent les femmes à être indépendantes, égales des hommes et épanouies sans enfants.

Au-delà de la remise en question philosophique de la parentalité, il est aussi vrai que le refus de procréer a de véritables incidences sociales. Dans des pays occidentaux où les taux de natalité s'effondrent, qui financera les fonds de retraite? Qui va prendre en charge les personnes âgées? Qui va devenir la force vive de la société dans les écoles, les institutions, les entreprises? Sans relève formée intellectuellement ou techniquement, et économiquement solide, comment les pays du Nord vont-ils évoluer?

Depuis le milieu des années 1980, un florilège d'associations aux noms aussi irrésistibles que «Sans enfants par choix», «Pas d'enfants», «Croissance de population zéro», «Mouvement volontaire pour l'extinction humaine» ou «Futur sans enfants» ont vu le jour au pays de l'oncle Sam. Alors que les communautés immigrées aux États-Unis permettent de maintenir un taux de fécondité de 2,1 enfants par femme en âge de procréer, il semble que cette abondance de bébés ne fasse pas l'unanimité.

Si certains de ces regroupements tiennent presque du club social où les membres se retrouvent, entre adultes sans enfants, autour d'un barbecue ou lors de virées en canot, d'autres s'affichent en véritable lobby antibébés. C'est une chose de ne pas vouloir se reproduire, mais c'en est une autre d'attaquer ceux qui le font ou de chercher à leur nuire.

Pour avoir une vague idée des propos que tiennent un certain nombre de membres qui préfèrent garder l'anonymat qu'Internet leur confère, rien de tel qu'un tour d'horizon des *chats* des sites respectifs des différentes associations. Dans NoKidding.net, une des discussions s'intéresse à la nécessité pour un couple de se demander, avant le mariage, si chacun désire des enfants. «Je n'aime pas tellement les enfants, de dire Martha, mais mon mari en voulait. Il aimait jouer avec eux sans s'en occuper davantage. Je lui ai fait comprendre que si nous en avions, nous serions obligés de supporter beaucoup de corvées et que quelques moments seulement resteraient dignes d'une photo.» Une autre internaute explique que les femmes qui veulent se faire aimer en faisant un enfant à leur mari la rendent malade. Quant à lui, Vindix explique que ne pas avoir d'enfant signifie qu'on n'aura jamais à s'excuser.

À l'origine de No Kidding, la réalité d'un quadragénaire de Vancouver exaspéré parce qu'il perdait ses amis chaque fois que ces derniers se mariaient, vivaient en couple et surtout, faisaient des enfants. Quelques années auparavant, Jerry Steinberg, constatant que son implication professionnelle et sa kyrielle d'activités connexes ne lui permettaient pas d'élever des enfants, avait cherché à subir une vasectomie. Manque de chance, comme il n'avait que 34 ans, les chirurgiens lui fermaient la porte au nez en lui disant de revenir 10 ans plus tard. Et c'est finalement en 1984 que Jerry Steinberg – alors amputé de son bagage reproductif –, constatant qu'avec l'âge, il lui devenait impossible d'avoir des loisirs sans que tout son entourage débarque avec une ribambelle de poupons sous le bras, eut envie de réagir. Et de créer un point de rencontre pour les adultes seuls ou en couple qui, comme lui, voulaient pouvoir avoir des moments de détente et de distraction sans se préoccuper de plus petits qu'eux! Visiblement, une demi-douzaine d'années plus tard, la première motivation des adhérents de No Kidding – présents dans quatre pays – reste la même que celle de leur mentor. Trois à quatre fois par mois, ils participent à toutes sortes de divertissements – des soirées vin et fromage aux promenades en hélicoptère, rien ne leur échappe – durant lesquels ils se permettent de parler de tout, sauf d'enfants. «Ce n'est pas que nous n'aimons pas les enfants, mais le sujet ne nous concerne pas!» d'expliquer M. Steinberg. Et si l'on se fie aux photos du congrès qu'ils ont organisé au printemps 2002 à Las Vegas, l'absence d'enfants confère aux partisans de Steinberg un sourire clairement radieux.

Sur le site BON.org.uk, de la British Organization of Non-Parents, la tolérance à l'endroit des familles semble de rigueur, du moment qu'elles n'envahissent pas toutes les sphères publiques. Depuis 1978, les membres se considèrent comme des individus qui ont fait des choix personnels de vie et non comme des asociaux égoïstes. Constatant que plusieurs d'entre eux avaient été stigmatisés par leur entourage et que, *a priori,* une femme sur quatre ne désire pas de bébés, l'association BON concentre l'essentiel de ses activités sur l'aide psychologique et le soutien aux adultes sans enfants.

Mais aux rencontres apparemment bon enfant (sans mauvais jeu de mots) des No Kidding et au support moral qu'offre BON se superposent les actions et propos fondamentalement vindicatifs de certaines autres associations. Ainsi, en première page du site web Childfree Australia, l'internaute lit un véritable appel à la résistance civique. «Au cours des 200 dernières années, écrit le Pr Stephen Hawking, la population mondiale a augmenté de manière exponentielle de 1,9% par an. Avec une telle croissance, la population double tous les 40 ans;

et en 2600, nous vivrons littéralement les uns contre les autres ! » C'est au nom de cette expansion démesurée que les instigateurs David et Susan L. Moore invitent au boycott des taxes servant à financer les allocations familiales et autres supposés bénéfices de maternité des Australiennes. Ils proposent à leurs supporters d'envoyer aux politiciens de Canberra une lettre qui invoque trois arguments. Le premier rappelle que malgré un taux de fécondité inférieur à 2,1, l'Australie ne subit aucun dépeuplement. Le second explique qu'en Suède, l'imposition fiscale de 66 % qui sert en partie à financer les 12 mois de congé de maternité n'augmente pas le taux de fécondité local ; enfin, le dernier argument précise que les couples qui choisissent de ne pas faire d'enfants le font pour des raisons personnelles et que, en aucun cas, le gaspillage de fonds publics dans des supposés incitatifs financiers ne les fera changer d'avis. En Australie, une enquête effectuée en 1996 signalait que 26,9 % des femmes en âge de procréer n'envisageaient pas d'avoir un jour des enfants.

Toujours sur ce site Childfree, qui décidément fait preuve d'une grande générosité, l'internaute peut trouver différents outils, dont une liste des lieux publics et privés d'Australie et des alentours qui sont interdits – officiellement ou officieusement – aux enfants. Certains, comme des bars par exemple, le sont parce qu'ils servent de l'alcool. D'autres prohibent les familles pour le seul confort des adultes sans enfants qui ne veulent pas être dérangés. Ainsi le *StarHotel* ou le *Boomerang Cabins* qui annoncent clairement la couleur en refusant les moins de 12 ans. Le *Mangoes Resort Port Vila* a ouvert ses portes à une clientèle exclusivement majeure en soulignant que ses clients, souvent en lune de miel, appréciaient mieux leur villégiature aux Vanuatu s'ils n'étaient pas dérangés par des enfants.

Le Mouvement pour l'extinction volontaire de l'humanité présente son site Internet en 10 langues. Le détail semble anodin ; pourtant, il traduit un intérêt international pour les propos qui y sont tenus.

« L'extinction progressive de l'espèce humaine par l'abandon volontaire de la reproduction permettrait à la biosphère de recouvrer une bonne santé. Une population humaine moins nombreuse et moins dense serait une solution au manque d'espace vital et aux pénuries en ressources naturelles », lit-on dans la page d'accueil! Le WHEMT – prononcé « véhément » –, puisque c'est comme ça qu'il se sigle, se considère comme une option alternative humaniste aux désastres humains. Et pour en devenir membre, il suffit de prendre la décision de ne pas ajouter un humain sur Terre. Facile, non?

Le même esprit anime les membres de Zero Population Growth, rebaptisé Population Connection en mai 2002. Dans son site Web, efficace, pragmatique et élégant, l'organisation sise à Washington invite à une réduction de la population mondiale afin de préserver la qualité de vie et l'environnement des générations présentes et futures. Loin du militantisme primaire qui réclame la stérilité pour tous, Population Connection tient des propos pertinents et offre de véritables options alternatives sociales. Ici, on ne parle pas de rejet des familles, on cherche plutôt des moyens pour améliorer leur quotidien en matière de santé ou d'éducation. Le principe de base est assez simple. Il repose sur le constat que plus de 350 millions d'individus dans le monde utiliseraient des moyens de contraception s'ils y avaient accès. Bien souvent, ils n'ont ni les moyens ni l'information nécessaire pour y avoir recours.

On le voit, si le désir de non-parentalité existe aujourd'hui et s'affiche parfois dans la lumière discrète de l'autoroute de l'information, le sujet demeure nébuleux et réveille les sentiments les plus intimes. Alors qu'elle participait au colloque Femmes et maternité, l'écrivain Édith Vallée rappelait qu'un jour elle avait osé dire « pas d'enfant ». « Une femme met au monde un enfant », écrivait-elle dans *Maternité en mouvement* publié aux Presses universitaires de Grenoble. « Elle devient mère, comme sa mère. Si elle décide de ne pas faire d'enfant, elle n'est pas mère; à l'inverse de sa mère. Pour en passer par la maternité, comme pour passer à côté, il faut se référer à l'image de la mère que l'on a eue.» Alors l'écrivain se questionne sur la difficulté de transmettre le pouvoir maternel. Et si, se demande-t-elle, une femme refusait d'être mère pour ne pas se heurter à l'image trop puissante, trop jalouse de sa propre mère?

Solange camoufle sa cinquantaine derrière une qualité de vie monastique. C'est une jolie femme au sourire radieux et au teint naturellement clair qui respire la santé. Dernière d'une famille de 10 enfants, elle est presque née dans un champ, sa mère accouchant entre deux traites de vaches et une moisson de blé. Une seule de ses trois sœurs a eu un bébé; une a épousé un homme stérile, une est célibataire. Elle-même est entrée en ménopause à 32 ans, un cas rarissime selon les médecins. Sa vie a été ponctuée d'investissements personnels intenses et créatifs, d'abord dans les arts puis dans une entreprise qu'elle a bâtie avec son conjoint. Quand elle en parle, elle se souvient d'une mère submergée par la vie de famille, noyée sous une routine paysanne très dure. Une mère souffrance qui n'a jamais vécu pour elle, une mère chagrin que chaque naissance vieillissait. Une mère qui n'a accouché que dans les douleurs. Pour Solange, et bien qu'elle ne l'ait pas dit en ces termes, il est clair que la maternité s'associe exclusivement à la tristesse et aux difficultés rencontrées par sa mère. Comment, dans ce contexte de désenchantement, aurait-elle pu sereinement avoir envie d'enfanter?

Toujours dans son allocution «À propos de "Pas d'enfant", dit-elle», l'écrivain Édith Vallée s'est aussi attardée sur le poids du désir des autres. Elle explique à quel point la naissance d'un enfant est baignée d'attentes et d'espoirs bien spécifiques. On veut notre petit comme ci ou comme ça, on veut qu'il devienne ceci ou cela, on le veut enfant-trésor, on le rêve «enfant merveilleux». Nous-mêmes avons été les enfants merveilleux de nos parents. Mais pour nous trouver nous-mêmes, différents du rêve des autres, il a fallu tuer cette incarnation d'autrui qui nous dépasse. Il semble donc incohérent d'exiger de l'enfant qu'il reste un enfant merveilleux, comme il était fou de vouloir le rester soi-même. Et si, en refusant la maternité, ces femmes-là s'inscrivaient en merveilles éternelles consacrant la maternité de leur propre mère? «À cause de l'enfant frappé d'absence, à cause de leur aptitude à mesurer le danger, les unes sont des lutteuses dans la vie, engagées dans la réussite professionnelle, prises dans des mouvements militants, elles sont promptes à l'action. À cause de leur désir d'être la merveille de leur mère, toujours mère, les autres créent. Certaines sont artistes... Elles fabriquent du beau.» Et elle conclut: «Quand une femme qui ne veut pas d'enfant vous sourit et que vous ne savez pas pourquoi, c'est que, peut-être, elle prend un envol, légère, enceinte d'elle-même.»

«Je n'ai jamais été portée sur les enfants, écrit une internaute en réponse au questionnaire que j'ai fait circuler dans le site de Petit Monde. Je trouve que les gens font beaucoup de sacrifices dans tous les domaines de leur vie pour avoir et élever des enfants. Je suis contre le phénomène des *superwomen*. Aucune femme ne réussit à rester une femme tout en étant une bonne mère.» Avec ses 10 frères et sœurs, cette femme de moins de 30 ans a franchement l'impression que sa mère regrettait d'avoir eu autant d'enfants. «Parfois même, de nous avoir eus tout court!» ajoute-t-elle.

Une autre internaute complète: «Ne pas vouloir d'enfant est une conviction que j'ai toujours, même si j'ai souvent été obligée de la rationaliser. Je compare ce choix (qui n'en est pas un, en fait) à celui d'un homosexuel qui découvre son orientation sexuelle. Il ne l'a pas choisie.»

Et quand on lui demande si ne pas vouloir d'enfant est un sacrifice individuel, une autre femme répond négativement avec beaucoup d'assurance. «Toutes mes copines s'approchent de la quarantaine et font une dépression parce qu'en plus de leur travail, elles assument toutes les tâches domestiques, des courses aux angoisses du mari en passant par l'achat des effets scolaires. Quand elles vieillissent, elles me disent qu'elles m'envient. Forcément, elles n'ont pas un instant pour elles, elles ne peuvent jamais souffler ! Mon conjoint et moi sommes si heureux d'avoir la paix, de ne jamais nous inquiéter et de faire tout ce qui nous plaît. »

Troublée par un désir d'enfant chevillé au corps depuis l'adolescence, le professeur de l'Université de la Californie du Sud Madelyn Cain a eu envie de se pencher sur ce raz-de-marée de *childfree* qui déferle sur l'Amérique conservatrice. Non pas pour les juger mais plutôt pour les comprendre ; dans son livre *The Childless Revolution* paru en 2001, elle évoque trois catégories de femmes : celles qui ne veulent pas d'enfants par choix, par chance ou à cause d'un événement fortuit. Elle y constate surtout que les recherches et les rencontres qu'elle a effectuées lui ont permis de lever le voile sur un problème non identifié à ce jour. Dans une société comme la société américaine, basée sur les valeurs familiales, le choix de la reproduction est logique et n'est donc pas sanctionné. Mais aujourd'hui, ce sont les femmes, et non la société, qui décident de ce qui est bon pour elles. Les femmes qui ont fait le choix de ne pas avoir d'enfants redéfinissent véritablement la féminité dans ses caractéristiques les plus fondamentales. Ce tournant social centré sur les adultes plutôt que sur la famille est historique, avance-t-elle.

Cain cite ces femmes qui n'ont jamais voulu d'enfants. Elles sont souvent le fruit de couples ratés, explique-t-elle. Elles ont vu leur mère se débattre dans des abysses économiques. Et puis, elles ont grandi avec la contraception. Ce qui est troublant pour le commun des mortels est que les femmes citées, toutes dans la cinquantaine, n'expriment aucun regret. Pour elles, le choix n'en a pas été un ; il s'agissait d'une évidence : elles n'aimaient pas les enfants, d'aussi loin qu'elles se souviennent, n'en ont jamais voulu, ont décliné les avances des hommes qui en voulaient, se sont investies dans des carrières intenses et semblent parfaitement épanouies dans leur choix.

Parmi les adultes qui vivent sans enfant, ces femmes semblent faire figure d'exception. La plupart ont transcendé leur refus d'enfant autour d'une raison formelle : leur engagement religieux ou écologique.

Parmi les gens qui n'ont pas d'enfants, nombreux sont ceux qui ont des chats. Des chats, plutôt que n'importe quel autre animal. Virginie, qui partage la vie de Bruno depuis plus de 20 ans, m'explique qu'une des raisons pour lesquelles ils n'ont pas voulu d'enfants est qu'ils ne voulaient pas des contraintes inhérentes à la vie de famille. « Il est alors logique d'avoir un chat plutôt qu'un chien, qui implique, lui aussi, son lot d'exigences et d'impératifs », m'expliquera-t-elle lors de notre rencontre.

« Quand tu rencontres quelqu'un à 30 ans, tu as des projets de vie existentiels. Moi, quand j'ai rencontré Bruno, raconte Virginie, j'avais 16 ans, mon unique projet était d'avoir mon bac ! On ne cherchait pas à construire quelque chose, on vivait au jour le jour. Nous n'avions aucun projet. D'ailleurs, je croyais que ce serait juste un flirt d'adolescence. Et puis on se plaisait, on s'amusait, alors on continuait. Mais pendant longtemps on n'a jamais pensé aux enfants. D'autant que les gens qui commençaient à avoir des enfants autour de nous s'éloignaient tranquillement parce que nos rythmes changeaient. On a toujours beaucoup sorti, alors nos amis dont la famille s'élargissait suivaient de moins en moins. Les amarres se brisaient à ce moment-là. Les familles devenaient une société autarcique ; et puis, en vieillissant, les contacts que tu crées se font avec des gens avec qui tu partages des activités : de plus en plus, les amis deviennent ceux qui sont dans la même situation que toi. Parfois, c'est même inconscient, tu découvres que les gens qui te plaisent n'ont pas d'enfants. »

Pour Virginie, l'horloge biologique n'a jamais sonné. Elle a dû enlever la pile, rigole-t-elle! Alors qu'une de ses copines n'envisage pas sa vie sans enfants, la question ne l'a jamais effleurée ; elle n'y a jamais senti l'expression d'un vide ou d'un manque. Elle complète : « J'ai dû y penser peut-être quelques mois quand j'étais très jeune : je voulais une copie de Bruno, pas un enfant ! J'étais tellement amoureuse que l'enfant n'aurait été que le reflet de l'adulte. Mais c'était une idée en l'air parce que je ne me serais jamais vue avec un enfant à cet âge-là. » Pour Bruno, la réalité est encore plus simple : il n'a jamais voulu d'enfant. Jamais, point final. Il a tourné la question dans tous les sens sans jamais que cette opinion soit altérée.

« Certains adultes sont très "couples", d'autres sont très "parents", ajoute Bruno. Je vois parfois au restaurant des gens dont la conversation n'existe qu'à travers leur enfant. Virginie et moi sommes profondément couples ! » Et puis la famille ne les a jamais intéressés, d'aussi loin qu'ils se souviennent. « Ce que nous avons construit tous les deux nous convient ; un enfant serait venu troubler notre bulle. Notre vie nous plaît et nous n'avons pas envie de la changer. »

Bien que leur choix soit irrévocable et parfaitement épanoui, Bruno et Virginie sont troublés par les propos extrémistes dont font preuve certains membres d'associations *childfree*. Ils ne sont pas prêts à tenir des propos vindicatifs à l'endroit des familles. « On apprécie la richesse d'une population à sa variété. C'est parce qu'on y trouve des individus de toutes les couleurs, de toutes les religions, de toutes les orientations sexuelles qu'un peuple, qu'une culture s'embellit. Si on rejette une partie de la population et que, par exemple, on cherche à créer des lieux publics sans enfants (avion, restaurant et village, pourquoi pas ?), on s'approche dangereusement des théories aryennes. » Un enfant qui hurle pendant 10 heures sur un vol entre Paris et Bangkok est aussi pénible pour les adultes qui ont des enfants que pour ceux qui n'en ont pas ! « C'est sûr que nous partons en vacances hors des périodes de congés scolaires : pas pour éviter les enfants mais pour avoir moins de monde, tout simplement. Si nous partons dans un club de vacances, nous allons choisir un club qui n'est pas destiné aux familles ; tout bêtement parce que nous n'avons pas besoin des spécificités destinées aux familles. Nous n'avons ni les mêmes activités, ni les mêmes affinités. Ce n'est pas pour autant que nous rejetons les enfants ou leurs parents ! » termine Virginie.

Bien qu'il trouve que les interventions des extrémistes sont malsaines et inappropriées dans ce débat, ce couple comprend bien la création et le succès des clubs sociaux pour adultes sans enfants. « Il me semble que socialement la famille est toujours valorisée », explique Virginie. Opinion partagée par une large majorité des DINK's *(Double Income No Kids),* semble-t-il. Alors que je consultais un forum sur le site de No Kidding, j'y ai trouvé cette sentence que je préfère laisser en version originale : *There's all this stupid bullshit we have to listen to all the time about children. It's all you hear in this country - children, help the children, what about the children, save the children. You know what I say ? Fuck the children,* de conclure George Carlin, l'auteur de cette tirade incendiaire.

Cette impression de dévalorisation permanente invite plusieurs couples sans enfants à se justifier par une implication sociale importante. « Regardez, nous ne sommes pas si méchants que ça... On aide les autres ! » semblent-ils dire. Un jour qu'elle avait 15 ans, le professeur de morale de Michelle a demandé aux jeunes filles de l'école religieuse où elle étudiait ce qu'elles désiraient faire plus tard et quel avenir elles imaginaient. La religieuse offrait le choix entre une entrée dans le clergé, une vie d'épouse et de mère de famille ou, enfin, le célibat. Déjà à l'époque, et malgré la désapprobation spontanée de son entourage, Michelle se voyait célibataire, sans enfants, fonçant vers une carrière prometteuse. C'était dans les années 1970 et sa réponse n'a pas soulevé l'enthousiasme de ses copines.

Parce que son père les a abandonnés, elle, sa mère ainsi que ses frères et sœurs en bas âge, Michelle, comme Bruno et Virginie pour des raisons différentes, a une image de la famille plutôt négative. Alors, quand elle a rencontré celui qui allait devenir son conjoint et qu'il lui a fait part de ses préjugés à l'endroit des enfants, elle a été immédiatement conquise. Et c'est finalement un problème médical qui garantit à Michelle une stérilité définitive: «C'était la certitude attendue, le petit quelque chose qui confirmait mes choix intuitifs.»

Trois types de femmes donc: celles qui n'en ont jamais voulu comme Virginie, celles qui font un deuil épanouissant de leur stérilité comme Michelle, et celles enfin que la vie conduit à ne pas se reproduire et qui s'en satisfont. Une femme qui tombe éperdument amoureuse d'un homme réfractaire aux enfants; une femme qui s'épanouit plus qu'elle ne l'imaginait dans son emploi, au point d'oublier qu'elle s'approche de la ménopause. Avec des porte-parole aussi prestigieuses que l'animatrice Oprah Winfrey ou la comédienne Katharine Hepburn en son temps, les femmes sans enfants ont retrouvé leurs lettres de noblesse. D'autant que, selon le Bureau de recensement des États-Unis, elles représentaient 42,2 % des femmes en 1998. Qu'on se le dise, au pays de l'oncle Sam, les femmes sans enfants ne sont plus une exception, et elles ne tarderont plus à être la norme!

Toutefois, un certain nombre de femmes vivent encore leur absence de maternité avec un besoin viscéral de justification. Comme si, par peur de passer pour des égoïstes obsédées par leur carrière, elles devaient prouver qu'elles ont un cœur. Et force est de constater que tous les parents – moi la première – ont un peu cette opinion! Michelle insiste beaucoup sur l'affection et le temps qu'elle accorde aux enfants des autres. « Nous nous consacrons beaucoup à notre entourage. Nous recevons des célibataires qui ont besoin d'aide mais qui sont, par définition, seuls chez eux; nous donnons beaucoup de nous, tout le temps. Pour certains couples de jeunes que nous fréquentons, nous sommes un modèle parce qu'à notre âge et malgré les années de vie de couple, nous nous amusons toujours beaucoup. Nous avons des projets, nous sommes actifs, nous faisons des tas de choses ensemble sans nous lasser. Nous avons la chance d'être un couple heureux, de partager nos valeurs et nos activités sans affaiblir notre personnalité propre et nos différences. C'est la moindre des choses que de partager ce bonheur avec les autres. Ça remplit notre vie et, du coup, l'absence d'enfants n'est pas un poids ni une tristesse.» Claire est professeur, Martine prend en charge des enfants handicapés, Céline est éducatrice dans un service de garde... Toutes ces femmes vivent huit heures par jour entourées d'enfants, ce qui les comble au moins autant que si ces petits étaient les leurs, couches et biberons nocturnes en moins !

Quelles que soient les raisons qui ont motivé leur refus d'avoir des enfants, de plus en plus d'hommes et de femmes vivent épanouis sans progéniture. Malgré les préjugés qui les concernent, bien qu'ils soient considérés comme des obsédés du travail à tendance égoïste, ils sont de plus en plus nombreux et pourtant niés. On ne parle pas de ces individus, on les tient loin des discours publics et des études de marché ; parce qu'ils sortent des normes, parce qu'ils réfutent notre bonne conscience qui veut qu'un adulte ne s'accomplisse – selon la coutume – qu'en bâtissant sa maison, en plantant un arbre et en ayant un enfant. Et si nous, majorité besogneuse, qui changeons les couches en râlant tout notre soûl contre notre manque de temps, n'étions que des jaloux ? Après tout, quand on n'a pas d'enfant, on peut rester au lit le samedi matin avec le journal et un café fumant ; on peut faire des galipettes avec son amant à des heures indues ; on peut travailler jusqu'à 23 h 00 et partir en goguette au cœur des nuits festives ; on peut économiser des mille et des cents pour partir en voyage au bout du monde. Et puis, on n'a pas à se demander si on est de bons parents ; on n'a pas à supporter l'angoisse qu'il arrive le pire à notre enfant ; on n'a pas à se demander comment nos enfants grandiront dans une société précaire, troublée et violente.

Il semble donc temps de regarder les couples sans enfants d'un autre œil. D'autant que si l'on se fie aux rares études qui ont été faites sur la question, on ne compte pas plus de dépressions chez les personnes plus âgées qui n'ont pas eu d'enfants. La peur de vieillir n'est donc pas un argument pour décourager tous les *childfree* de ce monde !

CONCLUSION

Tout au long de ces pages, vous avez rencontré des tas de gens. Tandis que les propos de certains vous ont sûrement surpris, d'autres vous ont peut-être choqué. Vous aurez certainement découvert – comme je l'ai fait avant vous – la réalité d'autrui : des voisins, des collègues, des amis, tous ceux qui s'empourprent dès qu'ils voient une femme enceinte, tous ceux qui gémissent devant un nouveau-né, tous ceux qui détournent la tête en regardant de la layette.

La question de la parentalité ne laisse personne indifférent. Chacun, qu'il soit déjà parent ou qu'il refuse de l'être, se sent happé par la réflexion qu'elle inspire. Ce livre n'a jamais eu l'ambition d'offrir des réponses, mais de suggérer humblement quelques idées à approfondir encore et encore. Parce que, finalement, le rêve de devenir parent nous atteint au plus profond de nous-mêmes. Dès qu'on y pense, nos tripes se tordent. On se replonge instantanément dans notre propre enfance : agréable ou terrible, avec ses joies et ses tristesses. Nos rapports avec nos parents resurgissent avec la même allégresse et la même confusion, qu'on le veuille ou non !

Alors on se demande – parfois on se contente de l'instinct, du désir primaire – si l'on veut reproduire ce que l'on a vécu, prolonger un confortable passé d'enfant ou, au contraire, couper net avec notre histoire pour la reconstruire, différente. Mais finalement, il existe des vérités que les marchands du temple réfutent : même si l'homme est directement concerné, le corps de la femme a des limites et la technologie aussi.

Un grand recensement a souligné la fin de l'année 2002 au Québec. Tous les journaux en ont parlé : ses résultats sont si troublants. On y parle du taux de natalité dramatiquement faible ; on y évoque aussi le nombre étrangement élevé d'avortements et de suicides chez les jeunes ; on avance des chiffres dérangeants sur l'augmentation des unions libres... Parallèlement, à la lecture des mêmes quotidiens, on a appris quelques pages plus loin que 60 000 enfants canadiens étaient maltraités chaque année. « Ces deux informations ne témoignent-elles pas d'une société en déroute ? », signalait une auditrice interrogée lors d'une tribune téléphonique montréalaise.

Malgré des recherches qui élargissent le bagage des connaissances, et malgré des rencontres touchantes d'individus qui vivent sur le bord d'un précipice affectif, je demeure troublée par l'avenir de nos cultures dites de pointe : on traite de pouvoir d'achat avant d'évoquer une naissance, on commente le Nasdaq avant d'imaginer allaiter. Autour de moi, dans ma ville, dans ma rue, je vois des couples qui élèvent leurs enfants en se saignant les veines, en jonglant avec l'horloge du temps sans jamais renoncer aux infimes plaisirs quotidiens que la vie familiale leur réserve. Et puis je connais des gens qui se sont sacrifiés sur l'autel de leur entreprise et qui ont consacré au travail le temps précieux de faire un enfant.

Alors ma réflexion n'a rien de nécessaire. Elle invite seulement à se questionner davantage. Elle invite au fantasme d'un monde où chacun pourrait vivre ses choix pleinement, en toute connaissance de cause, sans être victime de préjugés ni de malentendus.

REMERCIEMENTS

À maman.

À Frédéric, Margaux, Justine et Lumi.

À Zeyneb «Bouba» Slim, sans qui ce projet n'aurait pas vu le jour.

À Florence Noyer, dont l'accent souriant a fait tomber toutes mes angoisses; merci, Florence, d'avoir cru spontanément à cette réflexion.

Au Dr Jean-Pierre Pépin, le précieux psychiatre grâce auquel je me suis autorisée à écrire un livre.

À Michèle Lavisse, dont l'héritage, parfaitement inattendu, m'a permis de ne pas travailler pendant les neuf mois qu'ont duré recherche et écriture.

À Karim Rholem, dont le généreux travail photographique a nourri ma recherche sur les familles nombreuses.

Et aussi à…

Amy Barratt et Mary Lamy, Christian Bazinet, Josée Boileau, journaliste au quotidien *Le Devoir,* Sylvie Boucher et toutes les jeunes mamans des Appartements, Dr Renda Bouzayed, Suzanne Burmingham, Sylvain Carreau et Natacha Mathieu, Francine Corbeil et André Dupuis, fondateurs de l'Association Demeter, Denis Dupuis et Louise Noël des Centres jeunesse de Montréal, Marie Hazan, Dr Claude Lamarre, Abby Lippman, les Malenfant, Hélène Maurice, Sylvain Mercier, de l'Association des pères gays de Montréal, Martine Michaud et l'équipe de PetitMonde, Michel Mignacco d'Enfants du monde, les Morel, André Pierard, Paule Biron et Michel Préville, Anne Quéniart, Bruno et Virginie, Louise Raymond de Procrea, les Richard, Dr Anne Rompré, Dr Martin Saint-André, les Séguin, les Vézina. Et à tous ceux dont j'ai glané l'histoire au fil des jours, des rencontres, des *blues* et des éclats de rire.

BIBLIOGRAPHIE

Articles

«Conditions de travail: que font les autres pays?», *Elle Québec,* septembre 2002.

«Adolescence et violence: impact du droit coutumier dans la transmission de la loi en pratiques familiales, sociales et éducatives africaines», Mbassa Menick, Centre hospitalier de Prémontré, Prémontré.

« La fécondité », *La situation démographique au Québec,* Institut de la statistique du Québec, 2002. Voir le site Internet: www.stat.gouv.qc.ca

«Au nom du père, du fils et du petit-fils», *Le Nouvel Observateur,* n° 1914, 2001.

«La famille ne déclenche plus de guerre», *Libération,* 25 mars 2002.

«Il n'y a pas de séparation qui se fait sans douleur», *PetitMonde.com,* 3 avril 2002.

«La poussée vous appartient», *PetitMonde.com,* 21 octobre 1999.

«Le vécu psychique de la femme enceinte», *Babyfrance.com.*

«L'assistance d'une accompagnatrice à l'accouchement», *PetitMonde.com,* 15 avril 1999.

Michel Odent, «Le moment de la naissance peut avoir de profondes répercussions sur le reste de la vie», *Biocontact,* n° 70, février 1998.

«Pourquoi tant de césariennes? », *Les Dossiers de l'obstétrique,* mai 2001.

«Enquête nationale périnatale», réalisée par la Direction Générale de la Santé (DGS), les services départementaux de Protection Maternelle et Infantile (PMI), la Direction de la Recherche, des Études, de l'Évaluation et des Statistiques (DREES) et l'Unité 149 de l'Institut National de la Santé et de la Recherche Médicale (INSERM), France, décembre 1998.

«Familles, enjeu des élections 2002», *La Croix,* 6 mars 2002.

«Tout est cousu d'enfance», *Le Monde diplomatique,* janvier 2001.

«Les grandes familles, ces oiseaux rares», *La Croix,* 17 janvier 1997.

«L'histoire montre que la famille est indestructible», *La Croix,* 7 juillet 1999.

"A Tale of Two Families", *Salon.com,* 2 décembre 1997.

"Septuplets' Parents To Pass Donations To Hospital", *USA Today,* 18 juillet 2001.

"Multiple Births Can Bring Risk Along With Joy", *USA Today,* 18 juillet 2001.

"First Septuplet Leaves Hospital", *CNN Interactive,* 3 janvier 1998.

«Je suis enfant unique... ma maman est travailleuse autonome», *ProForma*, novembre 2001.

«L'enfant unique est-il un enfant à part?», *Famille et éducation*, juin-juillet 2000.

«L'enfant unique», *Fémina Psycho*, n° 46, novembre 1999.

«Éduquer l'enfant unique», *Enfant magazine*, mai 2001.

«Comment élever un enfant unique», *magicmaman.com*.

«Grandir seul», *Construire*, octobre 2001.

«L'enfant-roi, enquête sur une génération gâtée», *Le Point*, 14 décembre 2001.

«Les désarrois de l'enfant-roi», *Le Nouvel Observateur*, n° 1920, 2001.

«Les enfants, acteurs courtisés de l'économie marchande», *Le Monde*, 7 mars 2002.

«Les croisés de l'infertilité», *Le Nouvel Observateur*, n° 1933, 2001.

«La tentation de l'enfant parfait», *L'Express*, 28 mars 2002.

«Vivre l'infertilité, la spirale émotionnelle», *Fertinet.com*.

«L'Importance de faire des enfants tôt», *La Lettre du gynécologue*, novembre 1994.

Population Information Center, «Profil de fécondité des jeunes adultes», octobre 1997.

Professeur Michèle Uzan, «Rapport sur la prévention et la prise en charge des grossesses des adolescentes», Hôpital Jean-Verdier de Bondy, Assistance publique, Paris, 1999.

United Nations Population Division, «Au Japon, peu de grossesses d'adolescentes», *World Population Prospects: The 1994 Revision*.

Association mondiale des Guides et des Éclaireuses, «La grossesse chez les adolescentes, un problème mondial», Londres, janvier 2001.

Société canadienne de pédiatrie, Comité de la médecine de l'adolescence, «La grossesse et l'adolescente», révision 2002.

«Limiter la procréation aux âges de meilleure santé», Population Information Program, Center for Communications Program, The Johns Hopkins University School of Public Health, Baltimore, Maryland, juillet 1999.

«Y a-t-il un âge pour un premier enfant?», *Coup de pouce*, 27 mai 2002.

«Avoir un enfant tard», *L'Express*, 26 juillet 2001.

"Admitting Mixed Feelings About Motherhood", *The New York Times*, 12 mai 2002.

"Making Time For a Baby", *The New York Times Magazine*, 15 avril 2002.

«Papa Last Call», *La Presse*, 16 janvier 2002.

Stéphanie Godet, «La maternité à l'adolescence représente-t-elle un risque?», Mémoire de maîtrise, UQAM, 2002.

«Le couple face à la stérilité», *Construire*, janvier 2000.

«Une adoption internationale coûteuse», *Le Soleil*, 16 mars 2002.

«L'adoption internationale par les célibataires», *Le Soleil*, 27 février 2002.

«Une adoption vire au cauchemar», *La Tribune*, 5 février 2002.

«Une solution heureuse: l'adoption des enfants», *Le Soleil*, 18 février 2002.
«La Suède permettra l'adoption par des homosexuels», *AFP*, 7 février 2002.
«Bientôt un programme d'adoption d'embryons au Canada», *La Presse canadienne*, 4 mars 2002.
«L'offre et la demande», *Le Monde diplomatique*, juin 2000.
"The Family Mobile", *The New York Times Magazine*, 19 août 2001.
Association des Parents Gays et Lesbiens, «Parentés et différence des sexes», Compte rendu du colloque, APGL, octobre 1999.
«Pas d'adoption pour les homos», *L'Express*, 28 mars 2002.
«Les enfants des couples de même sexe existent, ils demandent l'égalité», *La Presse*, 19 décembre 2001.
«Elles sortent de l'ombre», *Marie-Claire*, novembre 2000.
«Copaternité, une histoire de notre temps», *La Presse*, 27 février 2002.
«Les enfants de l'homoparentalité», *La Presse*, 27 février 2002.
«Fabrique de bébés pour gays», *L'Express*, 31 juillet 2000.
«Québec reconnaîtra l'union civile homosexuelle», *Le Devoir*, 9 novembre 2001.
«Et l'enfant», *L'Express*, 24 septembre 1998.
«Une famille différente, un enfant comme les autres», *Le Soleil*, 7 février 2002.
«Pour une vision plus large et plus humaine de la famille», *Le Soleil*, 10 mars 2002.
«La famille idéale: une mère et un père», *Le Soleil*, 4 mars 2002.
«Des enfants pour les couples gays?», *La Presse*, 19 décembre 2001.
«Pour en finir avec les préjugés», *La Presse*, 8 février 2002.
«Le "oui" des pédiatres américains», *L'Express*, 14 février 2002.
«Divergences en Europe», *Libération*, 23 mars 2002.
«Le nouveau désir gay», *Libération*, 23 mars 2002.
«Le PACS n'enfante pas l'adoption homo», *Libération*, 27 mars 2002.
«Rapport d'observation sur les PACS», Patrick Bloche et Jean-Pierre Michel, déposé en application de l'article 145 du Règlement par la commission des affaires culturelles et la commission des lois, sur l'application de la loi n° 99-944 du 15 novembre 1999 relative au pacte civil de solidarité (n° 3383, 13 novembre 2001), Paris, France.
«Les donneurs de sperme et les mères porteuses devraient être identifiables», *La Presse canadienne*, 6 février 2002.
«Des enfants? Moi, jamais!», *La Presse*, 7 septembre 2001.

Livres
ALILI, Rochdy, *Qu'est-ce que l'Islam?*, Paris, Éditions La Découverte, 1996, 367 pages.

ANTIER, Edwige, *Confidences de parents,* Paris, Robert Laffont, 2002, 313 pages.
BRABANT, Isabelle, *Une naissance heureuse,* Montréal, Éditions Saint-Martin, 2001, 441 pages.
CAIN, Madelyn, *The Childless Revolution,* New York, Perseus Publishing, 2001, 191 pages.
COLLECTIF sous la direction d'Anne-Marie de Vilaine, Laurence Gavarini, Michèle Le Coadic, *Maternité en mouvement,* Grenoble, Presses universitaires de Grenoble, 1986, 244 pages.
COLLECTIF sous la direction de Patricia Garel, «Être parent aujourd'hui», *Revue Prisme* (Psychiatrie, Recherche et Intervention en Santé Mentale de l'Enfant), Montréal, Éditions de l'Hôpital Sainte-Justine, été 1999.
COLLECTIF sous la direction de Marie-Rose Moro et Cécile Rousseau, «Parcours de l'exil : cliniques transculturelles», *Revue Prisme* (Psychiatrie, Recherche et Intervention en Santé Mentale de l'Enfant), Montréal, Éditions de l'Hôpital Sainte-Justine, automne 1998.
COLLECTIF sous la direction de Sylvie Gravel et Jean-Pierre Pépin, «Approches transculturelles : communauté immigrante haïtienne», *Revue Prisme* (Psychiatrie, Recherche et Intervention en Santé Mentale de l'Enfant), Montréal, Éditions de l'Hôpital Sainte-Justine, hiver 1991.
DARRIEUSSECQ, Marie, *Le Bébé,* Paris, P.O.L., 2002, 187 pages.
DELAISI DE PARSEVAL, Geneviève, et Alain JANAUD, *L'Enfant à tout prix,* Paris, Le Seuil, 1985.
DE SINGLY, François, *Le soi, le couple et la famille,* Paris, Nathan, 2000, 255 pages.
DYKE, Nathalie, et Jean-François SAUCIER, *Cultures et paternités,* Montréal, Éditions Saint-Martin, 2000, 143 pages.
IRELAND, Mardy S., *Reconceiving Women : Separating Motherhood From Female Identity,* New York, The Guilford Press, 1993, 194 pages.
SHORTER, Edward, *Naissance de la famille moderne,* Paris, Collection Points Histoire, Le Seuil, 1975, 376 pages.
VALOIS, Jocelyne, *Sociologie de la famille au Québec,* Montréal, Éditions CEC, 1998, 334 pages.
VATZ-LAAROUSSI, Michèle, *Le Familial au cœur de l'immigration : les stratégies de citoyenneté des familles immigrantes au Québec et en France,* Paris, Éditions L'Harmattan, 2002, 279 pages.

Sites Internet
Fécondités (France) : www.fecondites-fr.com
Ma grossesse (France) : www.magrossesse.com
BabyFrance (France) : www.babyfrance.com

Familles.com (France) : www.familles.com
Mon bébé (France) : www.monbebe.com
PetitMonde (Québec) : www.petitmonde.qc.ca
Gyneweb, l'auxiliaire de notre gynécologue (France) : www.gyneweb.fr
Doctissimo, ma santé en un mot : www.doctissimo.com
SOS Grossesse : www.sosgrossesse.org
Association FIVNAT, statistiques de l'Assistance Médicale à la Procréation en France : perso.wanadoo.fr/fivnat.fr
Centres jeunesse de Montréal (Québec) : www.mtl.centresjeunesse.qc.ca
Secrétariat à l'adoption internationale (Québec) : www.msss.gouv.qc.ca/adoption/_fr
Mission de l'Adoption internationale (France) : www.france.diplomatie.fr/MAI
Magazine Fugues (Québec) : www.fugues.vortex.qc.ca/main.cfm?les=1
L'homoparentalité, information et débats : www.homoparentalite.free.fr
PACS mode d'emploi : www.justice.gouv.fr/publicat/fichepacs
No Kidding : www.nokidding.net/
BON, British Organisation of Non-Parents : www.bon.org.uk
Childless by Choice : www.now2000.com/cbc
Population Connection : www.populationconnection.org

Dans la même collection

Développez l'estime de soi de votre enfant, Carl Pickhardt, 2001
Interprétez les rêves de votre enfant, Laurent Lachance, 2001
L'enfant en colère, Tim Murphy en collaboration avec Loriann Hoff Oberlin, 2002
L'enfant dictateur, Fred G. Gosman, 2002
Ces enfants que l'on veut parfaits, Dr Elisabeth Guthrie et Kathy Matthews, 2002
L'enfant souffre-douleur, Maria G. R. Robichaud, 2003
Parent responsable, enfant équilibré, François Dumesnil, 2003
Éduquer sans punir, Dr Thomas Gordon, 2003

TABLE DES MATIÈRES

Introduction 7

CHAPITRE PREMIER
Des enfants et des hommes… 11

CHAPITRE II
Le pire et le meilleur jour de la vie d'une femme 45

CHAPITRE III
Les dernières tribus 61

CHAPITRE IV
Enfants géniaux ou tyranniques ? 75

CHAPITRE V
Un enfant à tout prix 89

CHAPITRE VI
Les enfants hors d'âge 111

CHAPITRE VII
Une réalité incontournable 131

CHAPITRE VIII
Un tabou qui a la vie dure 147

Conclusion 163

Bibliographie 167

Achevé d'imprimer au Canada
en février 2003
sur les presses des Imprimeries Transcontinentales inc.
Division Imprimerie Gagné